악수

THE HANDSHAKE
Copyright © Ella Al-Shamahi, 2021
All rights reserved

Korean translation copyright © (2024) by ROITREE PRESS
Korean translation rights arranged with Andrew Nurnberg Associates Ltd.
through EYA Co.,Ltd
이 책의 한국어판 저작권은 EYA CO., Ltd를 통해
Andrew Nurnberg Associates Ltd.와 독점계약한
로이트리 프레스에 있습니다.
저작권법에 의하여 한국 내에서 보호를 받는 저작물이므로
무단전재 및 복제를 금합니다.

The Handshake
A Gripping History

ELLA AL-SHAMAHI

악 수
손에서 손으로 이어진 이야기

엘라 알-샤마히 지음 | **박명수** 옮김

The Handshake
A Gripping History

ELLA AL-SHAMAHI

로이트리 프레스

내가 가장 좋아하는 우리 할머니 – 할리마(마가렛) 무플라히.
세상에서 제일 멋지고 정말 인자하신 우리 할머니.
따뜻하게 안아 드릴게요.

차례

서문	11
1 기원: 악수는 어디서 시작했는가?	21
2 상징: 악수는 무엇을 의미하는가?	53
3 핑거 스냅과 페니스 셰이크:악수, 인사 그리고 문화	85
4 악수의 단계별 가이드	115
5 운명의 손: 역사상 최고의 악수	129
6 운명의 손: 역사상 최악의 악수	143
7 종말: 이제 악수는 끝인가?	161
에필로그	181
감사의 말씀	191
참고문헌	195

서 문

악수는 너무나 심각할 정도로 홍보를 못 한다. 오랜 세월 동안 당연하고 다목적으로 사용되던 국제적 인사법인 악수는 코로나19가 전 세계를 휩쓸자 2020년 3월 갑작스레 내팽개쳐졌다. 속설에 따르면 악수는 손에 무기가 없다고 상대방에게 안심시키려던 옛 시절을 떠올리게 한다. 손바닥을 펴고 위, 아래로 흔들며 소매에 있는 무기가 있다면 떨어져 나오도록 하던 악수는 안전과 신뢰의 상징이었다. 하지만 치명적인 무언가를 눈으로 볼 수 없다면 어떻게 해야 할까? 메이요 클리닉Mayo Clinic의 그레고리 폴란드Gregory Poland의 말처럼

'손을 내밀면, 생물무기를 내미는 꼴이 된다면 어떻게 해야 할까?'[1] 코로나 바이러스 때문에, 악수의 기본 전제가 무너져 버렸다. 목숨을 앗아가지는 않더라도, 상대방의 손을 만지자마자 손 세정제를 찾는다면 대인 관계와 신뢰 형성에 별 도움이 되지 않는다.

악수는 영원히 사라진 걸까? 역사가 알아서 결정하는 건가? 다른 사람의 더러운 손을 아무렇지 않게 만지는 것이 순진하고 무모한 미친 짓이라는 당연한 사실을 깨닫고 우리 모두 충격받은 걸까? 백악관의 코로나19 비상대책 위원이자 면역학자로 미국의 영웅이 된 앤서니 파우치Anthony Fauci 박사(미국 국립보건원 산하 알레르기 전염병 연구소 소장으로, 코로나19가 유행할 때 미국의 방역 수장 역할을 한 인물-옮긴이)는 그렇게 생각한 게 틀림없다. 그리고 그는 '솔직히 말해서 앞으로 악수는 안 해야 할 것 같다'고 선언했다.[2] 악수의 운명이 역사에 맡겨져 왔다면, 악수가 정말 멸종의 길을 걷고 있다면, 인류의 진화를 연구하는 고인류학자보다 더 나은 사람이 있을까? 라는 생각을 할지 모른다. 그게 아니면, 고인류학자로서… 나는 악수의 부고를 쓰는 일은 사양한다.

다양한 증거를 근거로, 나는 악수가 풍부하고 매력적인 이야기의 주인공이자 눈에 잘 띄는 비밀이라는 결론을 내렸다. 그러니까 악수는 단순히 문화가 아니라, 우리의 유전자에 새겨진 생물학적인 것이라고 생각한다. 악수의 기원은 멀리 태고시절 그 이전까지, 아마도 인간이 세상에 등장하기 전 시대로 거슬러 올라간다. 인간과 가장 가까운 친척인 챔팬지들은 습관적으로 악수(실제로는 '손가락 악수'에 가깝다. '화해하자'를 포함한 여러 긍정적인 의미를 갖는다)를 하는데, 이는 7백만년 전 인간과 침팬지 두 종이 갈라지기 전에 악수가 존재했다는 것을 암시한다.

물론 악수에는 역사적으로, 지리적으로 다양한 의미가 담겨있다. 우리는 오랜 세월동안 악수의 유일한 기능이 인사였다며 악수를 깎아내리고 있다. 대신, 악수를 (포옹이나 키스처럼) 터치의 요소로 바라봐야 한다.[3] 인간의 조건으로 타고난 충동인 터치의 중요성을 과소평가할 수 없다. 심리적으로 소중하고 위안을 주는, 악수는 인간관계의 황금률 중 하나이다.

아마도 우리는 터치 욕구와 감염의 공포 사이에서 언제나 줄다리기를 하고 있는지 모른다. 우리 가족의 경우를 보면 알 수 있다. 우리 아빠는 너무나 건강에 신경을 쓰고 세균에 조금 강박증을 보이신다. 남동생이 태어났을 때 '키스하지 마세요'라는 글귀를 영어와 아랍어로 써서 침대위에 붙여 놓으셨다. 아빠는 대가족 그리고 엄청난 손님들이 찾아와 갓 태어난 아기에게 키스하는 것을 참을 수 없으셨다. 우리는 그저 아빠가 방에서 나가시기 만을 기다렸다가… 쇼타임이 시작되었다. 너무나 사랑스러웠다(적어도 한 동안은 말이다).

이제는 우리가 아빠의 사고방식에 더 동조하고 — 올바르게 — 심지어 악수를 두려워한다고 해도,[4] 악수해도 안전한 듯해지면 바로 반대 방향으로 돌아가리라는 것이 역사의 교훈이다. 흑사병에서부터 스페인 독감에 이르기까지, 악수는 수도 없이 금지되고, 중단되고, 격리되어왔지만, 매번 다시 제자리로 돌아왔다.

그래서 악수가 2020년 3월에 멸종되었다고 생각하지 않는다 — 오히려, 일시적 봉쇄, 사회적거리두기, 격리 상태에 있을 뿐이다. 아무 데도 못가는 대부분의 우리들처럼 말이다. 악수의 부고가 아니라, 이 책은 인류학, 문화 다양성, 종교, 역사, 사회학, 생물학, 심리학, 고고학, 남녀 그리고 정치의 관점에서 악수의 우여곡절을 단 하나도 빠뜨리지 않고 담아낸다. 선사시대의 조상들은 시간을 관통해 현재의 우리에게 닿을 수 있기를 희망한 듯 동굴의 벽에 손도장을 남겼다. 그리스인들은 전쟁터에서 악수를 했고, 로마인들은 결혼의 상징으로 악수를 했다. 외교적 악수는 고대 메소포타미아부터 백악관의 뜰에 이르기까지 수백만 명의 운명을 결정지었고, 민주주의의 탄생과 수백 년 뒤 서양에서 민주주의의 위상이 드높아지는 것을 목격했다. 식민주의와 세계화는 우리가 어떤 종류의 악수를 할지를 결정지었다(아울러 성기 악수를 포함해 수많은 종류의 악수가 존재해왔다). 악수의 역사는 유명한 비웃음, 깨진 금기, 기이한 과학실험 그리고 국가적 자부심으로 가득하다.

악수는 나에게 굉장히 개인적인 경험이기도 하다. 악수없이 그리고 악수와 함께 살아왔기 때문에 악수의 가치를 잘 알고 있다. 인생의 첫 26년의 시간 ― 내가 애정을 담아 근본주의 시절이라고 부른다 ― 동안, 엄격한 무슬림 법을 따랐다(대다수의 무슬림 법학자들은 남성과 여성은 어떤 신체적 접촉도 해서는 안 된다고 믿는다: 악수도 금지). 악수가 어색했기 때문에, 90년대에 영국에서 남자와 악수하지 않으려고 기발하면서도 우스꽝스러운 온갖 방법을 썼다(사실, 악수 회피전략은 독실한 내 친구 사이에서 특별한 대화나 유머의 소재가 아니었다.) 나의 무슬림 배경은 사회적 거리두기를 위한 예행연습이었던 것 같다. 코로나 봉쇄령을 어기고 버나드 성으로 이동하던 바로 그 도미닉 커밍스Dominic Cummings (영국 총리 보좌관으로 코로나19 봉쇄기간 중 코로나 증상이 있었는데도 수백 킬로미터 떨어진 부모 집을 방문해 구설수에 올랐다-옮긴이)와 다를 바 없었다.

지난 세월 동안 악수를 피하려고 다음과 같은 방법을 썼다:

1. 회피: 스스로에 대해 기분 좋게 만드는 경우는 거의 없다.
2. 심장에 오른손 얹기: 나를 다소 이국적이고 근사해 보이게 해줬고, 따뜻함을 전한다고 생각했기 때문에 맘에 들었다.

코로나19로 화상회의를 할 때 다시 이 방법으로 돌아갔다.

3. 경례: 이렇게 하면 내가 멋져 보일 줄 알았다. 나중에 보니, 2000년대에 바닥까지 내려오는 길고 어두운 아바야 망토를 걸친 아랍 여성이 사람들에게 경례를 하는 모습은 아마도 놀랍고 '거북한' 느낌을 주었을 것이다.

4. 소통: 간단히 '아, 저는 악수를 하지 않아요.'라고 말해보았다. 잘 전달되면 매력적인 듯 보였지만, 내 의도는 빗나가기 일쑤였다 — 아니 말한 내가 꽁무니를 내빼는 꼴이었다고 해야 맞겠다.

5. 장갑 같은 걸로 손 가리기: 봐줄만한 애교라고 생각했다. 나는 아직도 스카우트 숙소 열쇠를 관리인에게 넘겨줄 때 여전히 움찔한다. 관리인이 열쇠를 받으려고 팔을 뻗자, 나는 긴 소매를 재빨리 훑어내려 손을 가렸다. 이 모든 게 얼마나 오해를 줄 수 있는지 내 친구가 바로 얘기해줄 때까지 원칙대로 해냈다! 괜찮아, 잘한 거라고 생각했다. 그 관리인이 자기를 지저분하다고 생각해서 악수를 하지 않았다고 생각할지도 모른다는 생각에 아직도 걱정된다. 그의 손은 아무 문제없었다 — 그저 내가 조금 예민했을 뿐이었다.

내가 물러서는 경우는 정말 거의 없다. 악수를 안 하면 너무 어색해 보였거나 아주 중요한 일이면 악수했는데 이슬람 법학자 중 악수해도 된다는 소수의 의견을 따른 것이었다 — 그들이 시시덕거리지 않았다는 전제하에서 악수를 했고, 이 점은 좀 중요했다. 악수와 손을 잡는 것에는 큰 차이가 있다는 사실을 그 때부터 알게 되었다.

세속화되면서, 악수를 받아들이는 법을 배웠다. 하지만 여전히 신경이 예민해지는 때도 있었다. 남자의 손을 만지면 거친 피부와 커다란 손이 주는 낯선 느낌이 여전히 너무 이상했으니 악수에 대해 지나치게 예민했었다. 종교적으로 보수적인 이들은 남녀의 접촉은 미끄러운 비탈길이라고 믿었다. 사실 그들의 말이 틀리지 않았다 — 악수를 잠시 받아들이기로 했을 당시, 세상은 나에게 포옹도 받아들이라고 했으니 말이다. 이성과의 포옹은 나에게 전혀 준비되지 않은 일이었다.

요즘 나는 포옹을 꽤 즐기는 사람이지만, 포옹에 대해 씨름했을 당시, 새로 사귄 절친인 리처드가 포옹하려고 하자 '이 문화권에서는 이게 정상이야. 그냥 누구나 하는 거잖아. 너무 심각하게 생각하지 말자'라며 나 자신과 강박적인 대화를 했다. 일종의 주문 같았다. 한두 해가 지나고, 리처드에게 이 얘기를 털어놓자, 당연히 리처드는 몹시 당황스러워했다. 그는 문화적 충격이 얼마나 큰지 전혀 알지 못했다.

너무 놀라운 반전은, 리처드 역시 포옹을 싫어했다는 사실이다. 모두 다 포옹을 하니까 리처드도 억지로 포옹을 했던 것이다.

학자로서 그리고 동시에 적대적이고, 외진, 분쟁 지역 전문 탐험가로 커리어를 쌓아가고 있다. 《내셔널 지오그래픽》National Geographic과의 초기 인터뷰에서 이런 질문을 받았다. '현장조사 장비 중에서 꼭 챙기는 뜻밖의 물건은 무엇인가요?' 나는 '엄청난 양의 소독약'이라고 답했다. 코로나19가 기승을 부리기 훨씬 전부터, 화장실 변기는 사용하기 전에 소독 티슈로 닦아냈고, 손을 열심히 닦고 나면 화장실 문의 손잡이를 잡지 않으려고 다른 사람이 공중 화장실에 문을 열고 들어올 때까지 문 옆에 서있는 걸로 유명했다. 내가 지나친 면이 있기도 했고, 현장에서는 정말 장난 아니었다. 한 번은 분쟁 지역의 어떤 동굴에서 흙과 박쥐 똥으로 뒤범벅이 되었다. 식사를 하려는 데 씻을 물은 전혀 없었고 항균 젤만 있었다. 그래서 손 주위의 흙, 미생물, 박쥐 똥을 닦아냈다. 그렇게 해봐야 재분배 훈련을 한거 밖에 안된다. 너무 지쳤다. 2020년 1월, 앞으로는 손 씻는 일에 신경을 덜 쓰기로 나 자신과 약속했고 실행에 옮겼다. 100년에 한 번 있을 전염병은 세상이 나에게 해준 보상 같았다.

내가 예상한 것과는 사뭇 달랐지만, 감염에 대한 두려움은 극복해서 기뻤고, 악수를 배우고 리처드와 내가 포옹을 인내하며

서 문

하게 된 것도 좋았다. 인간관계에서 신체 접촉이 얼마나 중요한지를 알기에 이 모든 걸 아무렇지 않은 것으로 받아들이게 되었으니 행복하다. 신체 접촉에 대한 보다 강경한 이슬람 법은 특히 이성 간의 인간관계는 막아야 한다는 입장이지만, 나는 모든 인간 사이의 쉬운 유대 관계를 소중하게 생각한다. 터치는 유대 관계를 쌓는데 가장 좋은 방법이라고 생각한다. 터치는 거리두기로 메울 수 없는 방법으로 우리를 연결해준다 — 공교롭게도 펼친 손바닥으로 누군가의 살을 잡는 것은 가슴에 얹은 손을 물리적으로 구현한 것이다. 그렇기 때문에 악수는 시공간을 초월해 동의, 애정, 환영, 수용, 평등과 같은 수많은 긍정의 요소들을 의미한다. 나는 이미 악수를 대신할 무언가를 찾으며 살아왔다 — 분명한 것은 그 어떤 것도 악수를 대신하지 못한다는 사실이다. 우리 중 누군가는 악수를 위해 오랜 시간 기다렸다. 나는 악수를 포기할 수 없다.

1
기원: 악수는 어디서 시작했는가?

미접촉 부족

센티넬Sentinelese족은 인도양의 북부 센티넬North Sentinel섬에 산다. 명목상 인도의 일부이지만 실제로는 스스로 통치한다. 외부인들은 센티넬족에 대해 아는 게 거의 없고, 그들도 외부 세상에 대해 아는 게 거의 없다. 그래서 이들을 '미접촉 부족'이라고 부른다. 글로벌 시대에

이러한 사실은 결코 작은 일이 아니다. 지구상의 대부분의 사람들이 서로 접촉하며 살고 있는 시대에 접촉이 순간적으로 이뤄지는 경우도 흔하고, 우리 사회와 문화는 점점 더 동화되어가는 마당에 미접촉 부족은 받아들이기 어렵다. 이들은 접촉을 거부했다. 2020년이 펼쳐지는 광경을 바라보며, 센티넬 부족의 선견지명에 찬사를 보내고 싶다는 생각이 든다. 그러나 우리 모두에게 영향을 미치는 이 거대한 정보 교류에서 고립되어 있다는 것은 나처럼 인류학 그리고 인간 행동을 연구하는 사람들에게는 매력적이다.

센티넬 부족은 외부인에게 적대적인 역사를 갖고 있다. 그런 역사는 이들의 가장 눈에 띄는 외부 세계와의 접촉을 생각해보면 충분히 이해할만하다. 19세기에 영국의 해군 장교 모리스 비달 포트만Maurice Vidal Portman이 많은 센티넬 부족 사람들을 납치하는 일이 벌어졌다. 이들 중 일부는 아마도 외부 전염병에 면역이 없었기 때문에 사망했고 또 다른 일부는 몇주 뒤에 돌아왔지만 끔찍한 실험을 당한 것으로 보였다. 포트만이 늘 하던 방식이었다.

이 책의 집필을 위해 연구를 시작하기 전에, 1991년에 촬영한 센티넬 부족이 모습이 담긴 정말 귀한 자료를 우연히 접했다. 인류학자인 트릴로키나스 판딧Trilokinath Pandit과 인도의 국책 연구소인 인도 인류학 서베이Anthropological Survey of India의 동료 연구자들이 조심스럽게 센티넬 부족과의 접촉을 시도하면서 찍은 영상이었다. 영상에는 인류학자들이 보트에서 코코넛 선물을 흔들거리는 물결에 실어 해안가의 센티넬 부족에게 전달하는 모습이 담겨 있었다. 단 한 명도 화살에 공격당하지 않았으니 보고된 다른 사례들에 비하면 접촉 노력은 훨씬 순조롭게 진행되었고, 센티넬 부족의 많은 사람들이 코코넛 선물을 집으려고 물속으로 들어왔다. 그러고는 영상의 내레이터는 센티넬 부족 사람들이 인류학자들에게 떠나라고 손짓했다고 설명한다. 내레이터가 더 자세하게 설명하지 않았지만, 그 장면을 본 나는 의자에서 떨어질 뻔했다. 고인류학자인 나는 그 장면이 어떤 것을 암시하는지 알고 있었는데다가, 스탠드업 코미디언인 나에게 너무나 익숙한 신호였다 — 일부 스탠드업 남자 코미디언 동료들이 즐겨 사용했다.

센티넬 부족 한 명이 자신의 성기를 손으로 잡고 문자 그대로 (무대에서 내 동료들이 하는 묘사가 아니라) 성기를 위아래로 반복해서 잡아당겼다. 그는 말 그대로 인류학자들과 카메라맨에게 '꺼져'라고 말하고 있었다. 최근에 런던의 한 동료 사이클리스트가 어떤 운전사에게 똑같은 의미로 이 방법을 쓰는 것을 본 적이 있다. 나는 이 신호가 비교적 현대인들이 사용하는 제스처라고 생각했었다.

그 신호가 주는 암시는 특별했다. 외부와 접촉을 하지 않는 사람들이 외부 세상 사람 누구나 이해할 수 있는 무언가를 사용한다면, 그것은 최근에 개발된 신호나 행동이 아니라는 것을 강력하게 암시한다. 미접촉 원주민들이 '원시적이고' 또는 '오래된' 사람들이어서가 아니다. 그들도 지금의 우리들처럼 2021년까지 생존해 왔고 현대적이다. 그러나 그들의 자발적인 고립은 어떤 종류의 세계화가 이뤄지기 이전의 세상을 통찰하게 해준다. 그들의 행동, 전통, 관습은 인기 시트콤이나 밴드를 보고 얻은 게 아니며 그들의 조상도 이런 행동을 어떤 선교사나, 탐험가나 석유 탐사가에게서 배운 것도 아니기 때문이다. 결코 '학습된' 것이 아니라 센티넬 부족의 DNA, 자전거를 타고 다니는 화가 난 나의 영국 친구에게도 있는 바로 그 DNA에 깊이 박혀 있을 가능성이 아주 크다.

센티넬 부족은 그런 인상을 주었기 때문에 악수에 대해 집필을 시작했을 때, 가장 먼저 이런 미접촉 원주민들도 과연 악수 할까 하는 궁금증이 생겼다. 문제는 최초의 접촉에 대해 믿기지 않을 정도로 정보가 없다는 점이었다. 대부분의 접촉 시도는 기록되지 않았고, 기록이 있더라도 센티넬 부족 사람들에게 몹시 두려운 일이었을 것이다 — 그러니 '안녕하세요? 얼그레이 차와 크럼핏 빵을 드시겠어요?'라는 공손한 인사가 오가는 그런 첫 만남을 기대할 수는 없을 것이다. 하지만 많은 원시부족 사람들과의 첫 만남에서 악수했다는 증거가 있다. 1928년 뉴 기니New Guinea에서 악수를 나누는 《내셔널 지오그래픽》National Geographic에 실린 사진과 무성 영상이 있다. 이 자료에는 1928년 미국의 사탕수수 원정대US Sugar Expedition의 일원이었던 이반 챔피언Ivan Champion과 미접촉 부족 사람(추정)이 담겨있다. 부족 사람은 왼손으로 노를 잡고 있었고 오른손으로 챔피언과 악수를 하는 장면이다.[1] 데이비드 애튼버러David Attenborough도 1957년에 뉴 기니에서 낙원의 새들을 찾다가 외부와 접촉한 적이 없는 것 같은 한 부족과의 만남에서 위기 상황에 처했던 경험을 이야기한다. 이 모든 상황이 카메라에 담겼다. 원시부족인들이 창과 칼을 휘두르며 데이비드에게 달려들자 그는 '안녕하세요'라는 의미로 단지 자신의 손을 뻗으며 위기 상황을 모면했다. 원시부족인들은 그의 손을 위아래로 흔들었다.[2] 나 역시 런던의 북쪽에서 악수하는 재주가 별로 없는 이웃들을 만난 적이 있다.

이러한 악수는 매력적이고 종합해서 생각해보면 일부 미접촉 부족들도 외부 세계와 이전에 접촉한 적이 없으면서도 악수가 무엇인지를 본능적으로 알고 있다는 점을 보여준다 — 놀라운 발견이 아닐 수 없다. 물론 주의해야 할 점이 있다. 왜냐하면 악수가 행동 미러링(친밀감을 형성하려고 서로의 행동과 움직임을 무의식적으로 따라 하는 반응)일 수도 있고 이 부족이 실제로는 미접촉 부족이 아니거나 외부 세계와 접촉한 적이 있는 다른 이웃 원시부족 사람들에게서 배웠을 수도 있기 때문이다. 그러나 민족학자인 이레내우스 아이블 아이베스펠트Irenäus Eibl-Eibesfeldt가 약 7개월 앞서 외부 세계와 접촉한 적이 있는 유일한 뉴 기니 부족들끼리 악수하는 광경을 목격했다고 설명했다. 순찰 담당자뿐 아니라 쿠쿠쿠쿠Kukukuku 부족과 워이탑민Woitapmin 부족 사람들이 아이베스펠트에게 악수는 자신들이 늘 하던 관행이고 외부 세계와 접촉하면서 생긴 게 아니라는 점을 확인시켜 줬다.[3] 지리적으로 전혀 다른 지역인 아마존에서도 1970년대에 처음 접촉한 원시부족과 악수했다는 보고도 있다. 결국 우리는 두 개의 다른 지역에서 비슷한 사례를 확인했다. 이 두 지역은 우연히도 지구상에서 미접촉 부족이 가장 많은 지역이다.

네안데르탈인들도 악수를 했을까?

인류학자인 나에게 악수가 생각보다 훨씬 더 오래되었을지 모른다는 생각을 하는 것만으로도 충분했다. 인기있는 악수의 기원설은 퀘이커와 중세 유럽을 언급하거나 아니면 조금 더 거슬러 올라가 로마인, 고대 그리스인, 심지어 메소포타미아인을 언급하기도 한다. 악수는 서양 선교사들이 전 세계에 퍼뜨린 것이라며 악수(앞에서 언급한 것처럼 악수는 진정한 국제적 제스처이다)에 피해를 주는 사람들도 있다. 앞서 언급한 기원 중 악수의 시작을 아무 데나라고 한다면 대중음악의 역사를 치키 걸스Cheeky Girls(2000년대 초반 댄스 음악으로 영국 음악 차트에서 인기를 누린 루마니아 출신의 여성 듀오-옮긴이)부터 시작하는 것이나 다를 바 없다. 그건 좀 아니다. 아무튼 악수는 얼마나 오래된 걸까? 예를 들어, 우리의 사촌 네안데르탈인들은 서로 — 아니면 우리 사피엔스와 악수했을까? 우리의 게놈안에 네안데르탈인의 DNA가 존재한다는 사실은 우리가 네안데르탈인들과 짝짓기를 했던 게 분명하다는 증거이다… 그렇다면 악수는 선사시대의 종(種)간 기준으로 보면 너무나 진부한 것처럼 보인다.

그리고 보면 고고학과 화석 기록은 이 점에서 많은 아쉬움을 남기는 것도 놀랍지 않다. 바위와 동굴 예술은 호모 사피엔스가 손에 집착했다는 분명한 증거이지만, 실제 악수하는 묘사는 존재하지 않는다. 그래도 나는 악수의 시작은 선사시대에서부터 일뿐 아니라 심오한 진화론적 역사가 있다고 주장한다. 우리 호모 사피엔스보다 더 오래되었고, 네안데르탈인도 악수했던 게 틀림없다. 사실 나는 악수가 최소한 7백만 년의 역사를 갖고 있다고 믿는다. 고고학적 증거나 화석 증거도 없으면서 도대체 나는 어떻게 조심스럽지만 그런 확신을 하는 걸까? 옛날 옛적의 진화생물학 때문이다.

여러분과 여러분의 아이들이 적갈색 머리카락이나 파란 눈동자를 가졌거나 또는 겸상 적혈구 빈혈증을 앓는다면, 여러분 부모의 머리 색깔, 눈동자 색깔, 유전적 돌연변이에 대해 섣부른 판단을 내려도 이해할 수 있다. 하지만 단지 자녀를 관찰하는 것에서 더 나아가 진화계보의 훨씬 더 큰 영역을 살펴보기 시작하면, DNA에 대한 흥미로운 통찰력을 갖게 된다. 이런 식으로 말이다. 몇 개의 연관된 종에서 어떤 형태학이나 행동이 나타나면, 이 종들의 마지막 공통 조상도 그런 행동을 보였다고 가정하는 경향이 있다.(이런 가정이 항상 맞는 것은 아니다. 서로 관련 없는 종들이 최종적으로 같은 진화의 결과를 갖는 수렴진화convergent evolution가 작용할 때도 있다. 예를 들어 새와 박쥐는 날기 위해 날개를 갖지만, 엄밀히 보면 새는 공룡이고 박쥐는 포유류이다.) 인간과 가장 가까운 친척은 침팬지(일반 침팬지, 팬 트로글로디테스)와 그 자매 종인 보노보(피그미 침팬지, 팬 파니스쿠스)이다.[4] 자, 보시라! 영장류 동물학자인 캣 호배이터Cat Hobaiter 박사는 침팬지와 보노보가 서로 악수를 하는 모습을 보여줄 수 있었다. 이들의 악수는 손가락을 서로 겹쳐 잡는 게 일반적이다. 그래서 '손가락 악수'라고 해야 더 정확한 표현이 될 수 있다. 손바닥을 서로 겹쳐 잡는 경우도 관찰되었지만 '손가락 악수'라고 해야 더 정확한 표현이 될 수 있다.[5]

    이게 전부가 아니다. 고된 관찰 연구 과정을 거쳐, 호배이터 박사는 악수는 긍정적인 사회적 상호작용과 연관 있다는 것을 보여줄 수 있었지만, 우리 인간에게 악수처럼 침팬지에게 악수의 정확한 기능은 상당히 유동적이고 정의 내리기가 쉽지 않다. 악수는 힘의 불균형이 있는 상황에서 인사뿐 아니라 여러 다양한 거리낌없고 편하고 친한 분위기에서도 나눌 수 있으며, 서열이 높은 침팬지는 악수를 이용해 서열이 낮은 침팬지를 안심시키고 긴장을 풀어주기도 한다. 호배이터 박사는 격렬하게 싸우던 침팬지 두 마리가 순한 양처럼 서로 악수를 나눈다는 놀라운 사실도 설명해줬다. 침팬지 악수에 대해 나와 얘기하던 중 박사님은 너무 의인화해서 미안하다고 하면서도 싸우고 나서 마지 못해서 서로 악수하는 두 명의 십 대와 너무 비슷해 보여서 놀랐다고 말했다. 그리고 너무나 사랑스럽게도 우리 인간과 가장 가까운 친척 유인원이 다투고 나서 '화해하자'는 의미로 악수를 사용하는 것처럼 보인다. 보노보와 호모 사피엔스의 공통 조상인 침팬지는 7백만년 전 무렵 살고 있었다. 그렇다면 그들이 악수를 했을 뿐아니라 네안데르탈인을 포함한 그들의 후손도 악수했을 것이라고 추정하는 것은 타당하다. 이러한 모든 정보를 근거로 보면 악수는 따라서… 진짜 오래되었다고 생각한다.

이런 걸 계통유전적 증거라고 부른다. 계통유전학은 진화의 관계를 연구하는 분야로 '진화계통나무phylogenetic tree'는 일종의 가계도family tree와 비슷하지만 전혀 다른 스케일로 유전적 관계를 나타낸다. 악수의 역사는 얼마나 거슬러 올라가야 하는 걸까? 7백만 년보다 훨씬 더 오래된 게 아닐까? 고릴라는 아마도 대략 천만 년 전 즈음에 침팬지, 보노보, 그리고 우리가 속한 계통에서 분리되었다. 고릴라가 악수를 한다는 증거가 있다면, 악수의 기원은 우리가 고릴라와 공유하는 최소한 마지막 공통 조상까지 거슬러 올라간다는 의미가 된다. 우리가 고릴라가 악수하는 것을 관찰한 것은 아니지만, 그렇다고 고릴라가 악수를 하지 않는다는 것은 아니다. 단지 영장류학자들이 고릴라의 악수하는 모습을 제대로 포착하지 못했을 뿐이다(아니면 최소한 고릴라의 악수에 대해 제대로 기록하지 못했다). 영장류의 제스처 연구에 필수적인 관찰연구 기법은 특히 야생 환경에서 특히 어렵고, 연구 대상인 영장류 집단을 인간 존재에 적응시키는 것만 해도 몇 년이 걸린다. 이런 종류의 진화적 탐정 작업을 하려면, 증거의 부재가 부재의 증거가 아니라는 사실을 알아두는 게 좋다.

유인원의 손, 포옹 그리고 입맞춤

동물 세계에는 손이나 꼬리 등의 신체 부속기관을 의사소통뿐 아니라 실용적인 목적으로 사용하고 있는 사례가 가득하다. 예를 들어 유대감 형성을 위해 손을 붙잡고 있는 귀여운 수달의 모습부터(수달이 손을 잡는 이유가 떠내려가지 않도록 지지역할을 하거나 또는 체온조절이라고 주장하는 과학자와 같은 회의론자들의 말을 믿어도 된다) 의사소통을 위해 서로의 코를 사용하는 코끼리에 이르기까지 다양하다.[6] 유대감과 의사소통에 있어서 영장류의 손이 그렇게 눈에 띄는 것은 놀라운 일이 아니다. 영장류의 손은 민첩하고, 기능도 뛰어나며 중요한 역할을 한다. 영장류는 이동할 때 손을 사용할 뿐 아니라 조작과 도구 용도로도 손을 사용한다. 다른 동물과 달리, 우리 영장류는 식사할 때 거의 항상 손을 사용하며, 마실 때도 손을 사용하는 경우가 많고, 손을 사용하는 특정한 행동도 많이 한다. 예를 들어 늘보원숭이는 겨드랑이에서 독을 만들어 내고 자신의 손으로 독을 온 몸과 치아에 문지른다.[7] 손은 일부 침팬지와 보노보 집단에서 두 마리가 서로 마주보고 한 손을 머리 위로 치켜 올리고, 털 손질을 하는 동안 상대방의 손을 쥐는 '손 붙잡고 털 손질하기'에도 사용된다.[8]

포옹부터 간청(손을 뻗고 손바닥은 하늘로 향한다)에 이르기까지, 침팬지와 우리 인간이 공유하는 제스처는 아주 많다. 보노보, 침팬지, 고릴라, 오랑우탄이 하는 제스처와 신호의 의미를 이제 막 이해하기 시작했지만, 그들이 의사소통을 위해 손을 사용한다는 것을 잘 알고 있다. 유인원의 인사방식도 가깝고 친밀한 스킨십을 중심으로 이뤄지며 이는 인간에게 아주 친숙한 모습이다. 침팬지가 서로 얼마나 친한 지에 따라 손을 서로 대는 걸 시작으로 터치하거나 인사로 포옹하는 것은 하나도 이상하지 않다. 침팬지 암컷 우두머리는 영장류학자인 프란스 드 발Frans de Waal을 만나면 자신의 손을 뻗어 인사할 것이다.[9] 인간과 가까운 다른 영장류 친척인 보노보는 친근하고, 성에 적극적이며 1960년대의 히피 분위기로 유명한데 보노보 암컷은 포옹하고 성기를 서로 문지르며 인사를 한다. 이런 인사법은 우리 인간에게는 낯설다.

    진화론적 관점에서, 다른 영장류를 연구하면 시간을 거슬러 갈 수 있다. 특히 인사 방식에서 손뿐만 아니라 터치가 갖는 중요성은 수백만 년 동안 인류의 가계도에서도 마찬가지로 중요한 위치를 차지해왔다는 것을 암시한다. 아마도 악수를 바라보는 한 가지 관점으로 악수를 간단한 터치의 기본 요소로 보는 것이다. 즉 악수를 마음 깊은 곳에 자리 잡은 충동을 표출하는 실용적이고, 기능적인 표현 방법으로 보는 것이다.

'언제'는 얘기했지만, '왜'는 어떻게 볼 것인가? 우리의 인사 방식이 어떻게 진화해왔는가를 설명하는 이론은 많다. 일례로 유아주의[10](엄마 침팬지가 새끼에게 등에 올라타라는 신호로 손을 내미는 방식처럼 아기들의 행동을 모방)가 이유일 수 있다는 주장도 있고, 미러링 행동(어떻게 화답해야 하는지를 몰라 사람들이 기피하거나 실례를 범한 것으로 여겨지는 사람들과 함께 하는 경우라면 중요하다)에 기인한 것이라고 하기도 한다. 다른 이론들도 많지만 별로 수긍이 가지 않는다. 일부는 전혀 증명할 수 없는 진화심리학까지 파고들어 그저 그럴듯한 이야기처럼 되는 무모함을 드러낸다. 악수에는 생물학적 기능이 있다는 점이 아주 분명해 보인다. 악수는 무언가의 메아리, 즉 결과물이 아니다 — 오늘날 우리 인간의 상호 교류에서 여전히 중요한 역할을 하고 있다. 다음은 냄새와 터치에 대한 설명이다. 순서대로 살펴보자.

냄새

우리는 냄새가 동물에게 중요하다는 사실을 대체로 잘 알고 있다.

개부터 개미에 이르기까지, 수많은 동물들이 처음 만나면 서로의 냄새를 맡는다. 냄새 맡는 행동은 어색하고 노골적인 모습 — 서로의 엉덩이에 코를 대고 킁킁거리기 — 부터 말이 윗입술을 뒤로 젖히고 잇몸이 만개한 미소를 드러내는 사랑스러운 바보 같은 모습까지 다양하다. 후자의 경우를 플레멘 반응flehmen response(냄새를 더 잘 맡으려고 동물이 입을 벌리고 냄새를 맡는 행동-옮긴이)이라고 하며 포유류 동물에서 많이 나타난다. 이런 행동은 사실 냄새를 맡는 모습으로 페로몬과 향기가 입천장 위에 위치한 제이컵슨Jacobson 기관에 도달하는데 도움이 된다. 이렇게 뛰어난 후각 능력은 서로 다른 종(種)간에 사용될 수도 있다. 예를 들어 개는 후각을 이용해 코로나19[11]와 같은 질병을 찾아내도록 훈련시킬 수 있으며[12], 화학 신호(다른 동물에게 정보를 전달하는 동물이 내보내는 화학 신호)를 통해 불안이나 행복과 같은 감정을 파악할 수도 있다.[13]

그러나 우리 호모 사피엔스는 멘사와 같은 고도의 지능을 가진 사람들, 국제우주정거장, 구겐하임Guggenheims 미술관, 시나트라Sinatra와 같은 멋진 가수들, 스티브 잡스Steve Jobs와 같은 기업인들과 더불어 냄새를 넘어 그 이상의 방식으로 진화한 것이 분명하다. 우리는 성적 화학 신호 개념(이성을 유혹하는 페로몬이라고 부르기도 한다)과 그런 화학 신호가 상대를 선택하는데 어떻게 도움이 되는지를 잘 알고 있다.[14] 여러분 중 나처럼 후각이 너무나 예민해 부담이 되는 경우도 있을지 모른다. 내가 퇴짜를 놓은 남자들 중 약 1/3은 부분적으로 그들에게서 나는 냄새 때문인 적도 있었다.(그래서 퇴짜를 놓으면 남자들은 이렇게 말한다. 야외 활동하는 걸 아주 좋아하거든요 — 이런 부류 중 일부는 안 씻는 걸 자랑스러워하는 듯하다.) 이런 사례가 호모 사피엔스의 후각 사용이지 않을까? 냄새는 성적 매력과 연관 가능성이 있다. 어쨌든 우리는 동물이 아니다. 하지만 사실 우리는 동물이다.

  후각이 얼마나 중요한가를 보여주는 많은 연구들 중에서, 실험 참가자들이 겨드랑이에 거즈 패드를 끼고 행복이나 공포와 같은 강력한 감정을 유발하는 영화를 관람하도록 한 실험이 있다.[15] 그런 다음, 거즈 패드를 다른 참가자들에게 주고 냄새를 맡게 했는데, 냄새를 맡은 참가자들이 영화가 어떤 감정을 자아내는지를 정확하게 맞혔다. 참가자들의 미세한 표현, 얼굴 근육의 작은 변화가 영화를 보며 느낀 감정을 드러낸 것이다. 이는 재현할 수 있는 실험, 즉 다른 연구자들이 설정 그대로 또는 설정을 바꾼 실험에서도 유사한 결과가 나타났다는 의미이다. 과학의 황금율이다. 특히 놀라운 점은 냄새를 맡은 참가자들의 반응이 무의식적인 것처럼 보인다는 사실이다. 타인의 감정을 전혀 의식하지 못한 상태에서도 그 감정을 그대로 알아차렸다. 필라델피아의 모넬 화학 감각 연구소Monell Chemical Senses Center 연구자들이 실행했던 한 실험에서 참가자들에게 '행복할 때 사람에게서 나는 냄새'를 고르라고 하자, 우연으로 맞출 확률보다 더 정확하게 냄새를 맞췄다.[16]

단지 땀 때문도 아니다. 연구자들에 따르면 사람의 눈물에도 화학 신호가 담겨있다고 한다. 연구자들은 '부정적 감정과 관련된 무취의 눈물'(이 제목으로 된 컨트리 뮤직이 기대된다)을 여자들에게서 모은 다음 남자들에게 여자들의 사진을 보여주는 기이한 실험을 했다. 이런 부정적 감정과 관련된 무취의 눈물에 노출된 남자들은 사진 속 여자 얼굴이 성적 매력이 별로인 데다 개인적으로 별로 흥분도 안 된다고 했다(MRI 스캔을 포함해 생리적으로 확인되었다).[17] '우는 여성은 섹시한가?'라는 질문에 과학적인 답을 얻으려 연구비를 사용했다는 말에 개인적으로 기뻤다.

우리는 인간의 커뮤니케이션이 언어와 몸짓에 관한 것이라고 생각하지만, 이는 우리가 인간 예외주의 — 인간이 모든 다른 종과 완전히 다르다는 개념 — 에 집착한 결과이다. 우리는 동물에서 진화한 것이 아니라고 믿는 단지 나르시시즘일 뿐이다. 광범위한 진화론적 맥락에서 보면, 앞서 언급한 실험 결과들은 하나도 놀랍지 않다. 동물과 인간의 화학신호는 본질적으로 사회적 의사소통의 형태이다. 화학신호가 생존전략 중 하나라는 가설을 주장하는 연구자들도 있다. 즉 한 개인이 공포나 혐오를 느끼면, 자신이 속한 그룹에 그 감정을 부분적으로 표현하는 공포나 혐오 화학신호를 내보낸다는 것이다. 이처럼, '감정 전염' ― 많은 군중들 사이에서 파도치는 행복, 공포 또는 분노가 보일 때 나타난다 ― 이라는 개념은 분명 화학적 근거가 있는 얘기가 된다. 우리가 무의식적으로 경험하는지 몰라도 이는 여전히 우리 인간 의사소통 레퍼토리 중 아주 실용적인 부분이다. 한 쪽은 냄새로, 다른 쪽에서는 더 큰 뇌와 말과 아이폰으로 소통하는 건 아니다.

우리 인간이 인사를 위해 악수의 형태로 손을 사용하는 진화를 하게 된 이유는 예를 들어 축하 의미로 손바닥을 펴서 내보이는 게 아니라, 악수(포옹과 키스도)에 냄새와 연관된 실용적인 생물학적 목적이 담겨 있기 때문일 수 있다. 악수와 관련된 접촉이 화학 신호의 전달 시스템, 즉 매개체 역할을 하는 것으로 보인다. 이스라엘의 바이즈만 연구소 Weizmann Institute 연구자들에 따르면 악수만 해도 몸 냄새가 상대방에게 전달될 수 있다고 한다. 이 연구자들은 271명이 서로 인사를 나누는 모습을 몰래 촬영했다. 참가자들은 배치된 방에서 서로 악수하거나 악수 없이 인사를 나눈 다음, 각자 방에 홀로 남겨졌을 때 어떤 반응을 보이는지 관찰했다. 참가자들은 악수 없이 인사를 나눴을 때 보다 악수하고 나면 손의 냄새를 맡을 가능성이 더 많았다. 의식적인 행동처럼 보이지는 않았지만 악수 없이 인사를 나눈 참가자들과 비교했을 때 악수하고 나면 손을 코에 갖다 대는 행동이 두드러졌다. 이 현상을 더 확인하기 위해, 연구진은 코의 공기 흐름을 측정해 얼굴을 만지면 콧구멍을 통한 경우보다 두 배 더 많은 공기를 들이마시는 것을 확인했다 — 따라서 얼굴을 만지는 것은 단순한 신경반응이 아니라, 일부 연구자들이 말하는 '변위 스트레스 반응의 한 형태'이다.[18]

접촉

화학신호의 실질적인 전달이상으로, 접촉은 그 자체로 우리 인간에게 너무나 중요하다. 코로나19 전염병이 창궐했을 때 '살갗의 굶주림' skin hunger — 원하는 만큼의 접촉이 없는 경우, 더 많은 신체적 접촉을 갈망하게 된다 — 이라는 개념이 등장했다. 봉쇄조치가 이뤄진 초기 몇 개월동안, 런던에 사회적 격리조치가 내려졌는데, 이를 어겼다고 살포시 털어놓은 친구 대부분은 위로가 필요했기 때문에 그런 것이었다. 코로나 전염병이 극성이던 기간 동안 다른 인간과 접촉이 이뤄진 경우는 두 손가락으로 꼽을 수 있을 정도였다. 봉쇄조치 동안 처음으로 나를 안아 준 경우는 우리 숙모님이 돌아가신 후였고, 내가 안아 준 건 이별의 아픔을 겪던 누군가를 위한 것이었다. 코로나 걱정없이 할아버지 할머니를 안을 수 있게 해주는 장치를 개발한 손주들의 비디오는 유명세를 탔고, 우리 대부분이 느낀 대로 접촉이 없다는 것은 단지 슬프기만 한 것이 아니라 너무나 고통스럽다는 사실을 보여주었다.

그렇기 때문에, 접촉은 중요하다. 물론 접촉을 즐기는 정도 — 그리고 누군가의 접촉을 견딜 수 있는 정도 — 는 서로 다를 수 있지만 접촉이 우리의 정신 건강과 어린이 발달에도 빠질 수 없는 요소라는 점은 분명하다.

그렇다면 접촉의 생리학과 생화학적인 측면은 어떻게 될까? 마이애미 대학교의 터치 연구소Touch Research Institute 설립자인 티파니 필드Tiffany Field 교수는 피부의 움직임은 모든 주요 장기와 연결된 미주 신경을 자극한다고 설명한다. 악수나 포옹은 '심장 박동을 느리게 하고, 위장관으로 이동해 소화를 돕습니다. 악수나 포옹은 우리의 감정 표현 — 얼굴 표정과 목소리 표현 — 에 도움이 됩니다. 악수나 포옹하면 우리 신체의 자연 항우울제인 세로토닌 분비가 촉진됩니다.'[19] 미주 신경 활동은 주요 스트레스 호르몬인 코르티솔 감소와도 연관있다. 우리 모두는 스트레스가 건강에 얼마나 안 좋은지 잘 알고 있다.

　사회적 유대, 신뢰, 보호 본능과 관련된 호르몬인 옥시토신이 접촉의 결과로 분비된다는 내용의 연구들도 있다. 그리고 접촉을 통해 도파민(원래는 쾌락과 관련이 있는 것으로 알려졌으나 현재는 동기부여 조절과 관련한 것으로 잘 알려진 호르몬이나 신경전달물질)도 분비된다. 언론에서 옥시토신을 사랑, 포옹, 또는 신뢰의 호르몬이라고 부르기도 하는데[20], 그 보다 훨씬 복잡하다는 사실에 주목해야 한다. 왜냐하면 이방인으로 보이는 사람을 점점 더 경계하는 것과도 관련 있기 때문이다. 비강 스프레이로 옥시토신을 투여받은 네덜란드 실험 참가자들은 가공의 네덜란드 인물에 대해 더 긍정적이었으나, 아랍이나 독일 이름의 인물에 대해서는 더 부정적인 것으로 나타났다.[21] 옥시토신은 기본적으로 껴안아주고 싶은 인종차별주의적인 할아버지 할머니인 셈이다. 엄밀히 말해 옥시토신에 긍정과 부정의 효능이 있다는 점을 고려해 '사랑의 호르몬'이라고 하기보다 사회적 유대 호르몬이라 부르는 게 더 정확할 것 같다. 그래서 쉽게 풀이하자면, 접촉을 하면 사회적 유대감과 연관된 호르몬이 분비되고… 약간 따뜻하고 포근해지는 기분이 들 것이다.

옥시토신, 유대감 그리고 '내부인'이라는 신뢰할 수 있는 그룹의 사람을 향한 애정 사이의 연관성은 보다 현대적인 맥락에서 악수의 역할을 생각해볼 때 흥미롭다. 연구 주제로서 접촉은 생화학이나 심리학에 국한되지 않고 경영과 비즈니스 같은 분야로까지 확장되어 아주 흥미로운 실험을 할 수 있기 때문에 매력적이다. 캘리포니아주 클레어몬트에 위치한 클레어몬트 대학원의 신경 경제학 연구소 소속 경제 심리학 및 경영학 교수인 폴 잭Paul Zak은 6천 달러의 마사지 비용이 투입된 실험을 진행했다. 마사지가 사람의 행동에 어떤 영향을 미치는지를 알아보기 위한 선행 나누기 형태의 신뢰 실험이었다. (실험 설계자인 폴 잭 교수는 마사지를 받아본 적이 없다고 했다.) 실험 참가자들은 온라인 계좌로 입금된 금액 모두를 갖거나 전혀 모르는 사람에게 송금하는 것 중에서 원하는 대로 하도록 선택권이 주어졌다. 타인에게 송금을 하면 금액이 세 배로 늘어난다. 송금을 받은 사람은 금액 중 일부를 원래 참가자에게 돌려보내거나 아니면 모두 자기가 가질 수 있었다. 마사지를 받은 참가자들의 경우 자신을 신뢰하는 사람에게 243% 더 많은 돈을 돌려줬다. 즉 신체적 접촉으로 자신의 이익과 몫을 양보할 가능성이 더 높아진 것이다. 마사지 자체로 옥시토신 호르몬이 분비되는 것은 아니지만 마사지나 악수와 같은 '신뢰의 신호를 받고 나면 옥시토신이라는 신경화학물질을 분비하도록 뇌를 준비시켰다.' 접촉과 신뢰는 '인간의 옥시토신 시스템에 스테로이드를 투여하는 것처럼' 우리의 생존과 성공에 아주 절대적인 협력을 시작하고 유지하는데 도움을 준다.[22] 접촉과 팁의 관계를 보여주는 여러 실험을 포함해 접촉, 비즈니스, 환대를 살펴본 연구들도 있다. 한 연구에 따르면 웨이터가 손님과 신체적 접촉이 없는 경우 평균 팁은 음식 값의 11.5%~15% 미만이었다.[23]

접촉은 위안, 유대, 공감을 만들어내며 생리학적, 생화학적, 심리적 효과가 있다. 이런 점에서 접촉 — 악수, 포옹 또는 싸운 뒤 '키스와 화해' — 이 갈등 해소에 중요한 해법이라는 이유를 알 수 있다. 사실, 싸우고 나서 화해를 위해 손가락 악수를 하는 두 마리의 침팬지와 평화 조약을 놓고 악수를 나누는 두 명의 세계 정상에 그리 대단한 차이는 없다.

하지만 모든 접촉이 동등한 걸까? 우리 인간이 주먹이나 팔꿈치를 맞대는 것보다 굳이 악수를 나누는 방식으로 진화하게 된 이유는 무엇일까? (진화론적 관점에서 악수가 더 유리한 걸까? 이 질문은 7장에서 다룬다) 모든 접촉이 다 같은 접촉일까요? 글쎄, 꼭 그렇지는 않다. 우리 손가락과 손바닥 그리고 입술에는 다른 대부분의 신체부위보다 수용체가 더 많으며, 촉각으로 얻는 정보를 처리하는 우리 뇌에 특히 많이 분포하고 있다. 서로 신체 중 더 예민한 부분에 신체적 접촉이 있는 경우, 상호작용을 통해 더 많은 가치를 얻게 된다. 이런 이유에서 오늘날 우리는 악수를 하며 구석기 시대에는 팔꿈치 맞대기를 하지 않았던 것으로 보인다. 이런 점에서 악수의 위계를 이해할 수 있다 — 악수가 포옹보다 더 격식적이고 거리감을 주는 이유를 알 수 있다. 포옹은 훨씬 더 많은 접촉 면적이 필요하고 더 많은 감정적 의미를 담고 있다. 접촉이 화폐라면, 포옹과 키스는 상승세이고 … 팔꿈치 맞대기는 브렉시트 투표 이후의 영국 파운드 화폐이다.(미국에 체류하는 동안 브렉시트 여파로 인해 내 통장 잔고를 보고 너무 놀라 혹시 도둑맞은 게 아닐지 걱정했었다.) 우리 영장류는 신체적 접촉을 갈망한다. 정말이지 팔꿈치 맞대기는 못난이들의 악수가 맞다.

제스처와 보디 랭귀지

악수에 대한 여러분의 사고 전환을 촉구한다. 그래서 지금 이렇게 제스처로서의 악수에 대해 글을 쓰고 있다. 너무 오랫동안 우리는 악수를 뭔가 다른 것으로 착각하고 있었다. 왜 악수를 하는지에 대한 다양한 생물학적 이유를 고려하지 않은 채 우리는 환원주의적 접근법을 고집했다. 그러나 제스처로서 악수의 역사에도 눈에 보이는 것보다 훨씬 많은 것이 담겨있다.

생각이나 감정을 전달하려고 몸을 움직이는 제스처는 우리 인간의 의사소통 레퍼토리 중 일부이다. 제스처는 소리 언어와 관련 있다. 기능적 자기공명영상 fMRI 스캐닝을 해보면 상징적 제스처와 구어(口語)가 동일한 신경시스템에서 처리된다는 것을 확인할 수 있다. 전혀 학습된 적이 없는데도 — 언어는 이렇게 될 수 없다 — 인간의 행동에 나타난다는 점에서 일부 제스처의 경우 상당히 특이하다. 인류행태학자인 이레내우스 아이블-아이베스펠트Irenäus Eibl-Eibesfeldt는 선천적으로 눈과 귀에 장애를 가진 소녀 사빈Sabine을 관찰했다. 사빈은 손바닥을 밖을 향한 채 손을 뻗었다 접었다 하며 거절의 뜻을 표했다 — 한 번도 본적 없는 제스처였지만 무슨 뜻인지 알 수 있었다.[24] 인간과 같은 고등 사회적 동물 종(種)은 언어가 서로 다르더라도 보편적으로 이해할 수 있는 본능적인 제스처 몇 가지를 사용한다는 점은 장점이라 볼 수 있다. 인간이 점점 더 큰 사회적 그룹을 만들고 지구를 가로지르며 더 멀리 이동하면서, 새로운 사람들 — 전혀 관계가 없고 알고 지낼 필요도 없던 사람들 — 을 만나 몇 가지 다른 제스처와 마찬가지로 악수는 누구나 충분히 이해할 수 있는 속기 같다는 점이 증명된 셈이다. 아마도 제스처가 말보다 긍정의 의미를 더 빨리 전달하는 경우도 있을 것이다.

하버드 대학교의 스티븐 핑커Steven Pinker 심리학 교수는 다윈의 '상반감정antithesis' 원리를 지적하며 또 다른 관점을 제시한다. 예를 들어 '다정하고, 해칠 의도가 전혀 없다는 의도를 드러내기 위해 동물은 공격성 표출에 사용하는 관절과 근육의 움직임과 반대로 관절과 근육을 움직이는 진화를 한 경우가 많다.' 이러한 움직임은 비자발적이다. 예를 들어, 친근함을 표현할 때 고양이는 등을 아치모양으로 만들고 꼬리는 세우고 똑바로 선 자세로 여러분의 다리에 몸을 비벼대지만, 공격적일 때는 정반대로 행동한다 — 몸을 웅크리고 꼬리는 수평으로 공격할 준비 자세를 취한다. 다윈은 어깨를 으쓱하는 행동이 한 예라고 주장했다. 당신이 무언가를 알고 있고, 자신감 충만하고, 적극적일 때, 어깨를 바로 세우고 뒤로 젖히는 경향이 있다. 이제 악수를 생각해 보자. 손을 펴고 — 주먹을 쥔 것과 반대로 — 안전한 거리를 유지한 채 상대의 덩치를 재보는 게 아니라 상대에게 물리적으로 가까이 다가선다. 핑커 교수는 다음과 같이 덧붙였다:

> 다윈의 상반감정 원리에 따른 행동 표출은 세균을 퍼뜨리는 행동 — 신체접촉, 근접, 입과 코의 노출 — 에 해당하지만, 주먹 맞대기와

팔꿈치 맞대기와 같은 위생 관습은 친근함이라는 본성을 거스른다. 이는 최소한 나의 경험에 비춰볼 때 사람들이 이러한 제스처를 하며 미소를 짓는 이유를 설명해준다. 그 미소는 얼핏 공격적으로 보이는 행동이 전염병이 도는 시기에는 동지애 정신을 표현하는 새로운 관습이라는 확신을 주는 것이다.[25]

주먹 맞대기와 악수는 정반대의 행동 표출처럼 '보이는'게 확실하다.

심리학

지구를 떠돌아다니던 우리의 조상처럼, 우리는 새로운 사람, 제대로 알지 못하는 그런 사람과의 만남이 끊이지 않는 세상에 살고 있다. 우리 조상이 그랬던 것처럼, 우리는 여전히 새로운 사람들의 의도, 성격, 신뢰 여부에 대해 추측하는 위험을 무릅써야 한다. 마찬가지로, 우리는 상대방이 우리를 좋아하기를 원한다. 보디 랭귀지 — 제스처와 마찬가지로 — 는 중요한 역할을 하지만, 과학에 따르면 악수에는 심리적으로 위안을 주는 독특한 무언가가 있다고 한다.

악수의 긍정적 효과는 양쪽 모두에게 도움이 된다. 일리노이 대학교University of Illinois 신경과학 연구소의 연구원인 플로린Florin과 샌다 돌코스Sanda Dolcos는 악수를 바라보는 (악수하는 당사자가 아닌) 사람들을 대상으로 연구했다. 이 연구는 냄새와 접촉과 같은 요소는 제거해 악수의 심리적 영향에만 집중할 수 있었다. 악수로 사회적 상호작용을 시작하면 '우호적인 상호작용'이 이뤄질 가능성이 더 많아지며, '부정적인 인상의 영향을 줄일 수도 있다는 사실이 연구를 통해 확인되었는데 우리의 사회적 상호작용이 이런 저런 이유로 잘못되는 경우도 많아, 먼저 간단히 악수하는 것만으로 도움'이 되며 '오해로 인한 부정적 영향을 낮출 수 있다'. 연구자들은 뇌에서 보상 회로를 담당하는 영역인 측좌핵nucleus accumbens 활동을 추적해, 악수할 때 측좌핵 영역이 더 많이 활성화되는 것을 확인했다.[26]

악수는 신뢰 형성에 아주 효과적이어서 한 연구에 따르면, 모의 주택 거래에서 두 사람 중 한 명을 로봇 — 무생물 — 으로 바꾸더라도 여전히 신뢰를 높일 수 있다고 한다. 여기서 주목할 점은 여전히 신체 접촉이 포함된다는 사실이다. 즉 로봇의 손이 악수할 때 진동으로 떨리고, 악수하는 둘 사이에 협력과 신뢰를 높여주는 유대감이 만들어진다.(즉, 서로 속이고 등쳐먹을 가능성이 적다.)

시간만큼이나 오래된 악수

그럼, 같이 복습해보자. 침팬지와 더불어 우리의 마지막 공통 조상이 700만년 전에 하던 그 악수는 정확히 지금의 악수 — 손을 잡고 흔드는 움직임이 포함 — 와 다를지 모른다. 아마도 그 악수는 '흔들기'라기 보다 '손'에 무게를 둔 흔드는 움직임이 없는 악수였지만, 바로 그 원시적인 악수도 우리가 알아볼 수 있을 것이다. 악수는 인간(접촉 및 미접촉 부족 모두)과 비인간 모두를 포함해 많은 문화권에서 사용한다는 점을 고려할 때, 이제 악수를 더 이상 학습된 문화적 전통이 아니라 언어 사용과 마찬가지로 우리의 DNA에 각인된, 심오한 생물학적 기원을 가진 것으로 간주해야 한다. 과학의 여러 분야에서 나온 증거를 토대로 볼 때, 악수에는 모르는 사람끼리 간단히 나누는 악수에 나타나는 화학신호 전달 시스템부터(심지어 집을 로봇에게 팔고 있을 때 조차) 우리 뇌의 보상센터를 자극하는 일에 이르기 까지 많은 생물학적 목적이 담겨 있다. 아마도 이런 이유로 악수가 우리 인류 역사 속에서 그렇게 장수하며 존재감이 두드러졌다고 볼 수 있다. 악수는 없는 게 없는 원스톱 상점 같은 터치의 기본 요소이다. 악수에는 키스와 포옹 같은 터치가 주는 가득한 느낌이 없다 — 키스와 포옹 같은 신체 접촉에서는 코가 서로 아주 가까워지고 서로 닿는 면적이 많아진다 — 그러나 악수를 나누는 시간은 더 짧고 더 안전하며 더 범용적으로 활용할 수 있다.

하지만 이렇게 자문할 수 있다: 악수가 생물학적이라면, 악수가 그렇게 중요하고, 그렇게 오래되었고, 의사소통과 사회적 유대관계 등을 위해 없어서는 안 될 요소라면 동아시아 지역의 문화권에서는 왜 전통적으로 악수하지 않는 걸까? 정말 중요한 질문이다. 우리는 진화 프로그래밍의 결과로 특정 행동에 대한 유전적 성향을 가질 수 있지만, 그러다가 문화적으로 그 행동이 중단되고 아이들도 안 하게 된다(동시에 정반대로 프로그래밍하는 유전자를 물려준다). 예를 들어 생물학적으로 우리는 고기를 자르고 뜯을 수 있는 송곳니를 가진 육식동물이다. 그러나 인도에는 역사적으로 채식주의자가 많고, 특정 고기를 금기시 하는 고대 종교도 많으며, 오늘날 송곳니를 두부 햄버거를 먹는 용도로 사용하는 채식주의자가 늘어나고 있다는 사실을 잘 알고 있다. 동아시아 지역의 사람들에게서 악수가 사라지는 이유는 바로 이런 문화적 진화의 결과일 수 있다.

동아시아 지역의 대부분에서 낯선 사람끼리 인사를 나눌 때 악수뿐 아니라 어떤 신체 접촉도 하지 않는 게 전통이고 존경을 표하는 것으로 여겨진다는 점에 주목해야 한다. 인사를 나눌 때 터치가 중요하고, 악수야말로 터치의 기본이라고 말하지만, 일본과 태국 같은 나라는 전통적으로 그 어떤 기본이라는 게 존재하지 않는 것 같다. 2020년 코로나 초기 몇 주 동안, 종종 다른 과학자들과 악수에 대해 대화를 나눴다. 이들 중 몇 분(생태학자인 케이 반 담을 포함)은 나름 흥미로운 이론을 주장했다. 아마 동아시아 지역의 터치를 기피하는 문화가 전적으로 존경에서 비롯한 것은 아닐 것이다. 비슷한 고대의 전염병 때문에 그렇게 문화적으로 반응한 것이고 일시적으로 행동의 변화가 생겨나고 그렇게 굳어진 것이다. 터치는 금기가 되었지만 몇 세대 이후에 그렇게 된 이유가 무엇인지를 기억하는 사람은 아무도 없다. 유대인들이 조개류 — 아주 유용하고 영양가 있는 식량원으로 선사시대 사람들 뿐 아니라 인류의 초기 종이 섭취했다 — 섭취를 금기시 하는 것은 원래 식중독 때문이었다.

　더 자세히 알고 싶어 티베트 인류학자인 친구에게 연락했다. 그는 티베트 사람들도 친구끼리는 악수하지만, 일반적으로 포옹은 아주 제한적이라고 설명했다. 그런데 한 가지 예외가 있다고 했다. 그의 아버지는 티베트 난민이었는데, 수십년 동안 떨어져 있던 사랑하는 동생을 만나자 '*그 때는* 서로 끌어 안으셨다.' 인류학자인 그 친구는 흥미로운 얘기를 꺼냈다. 티베트 사람들은 대충 '세균'이라는 의미로 해석할 수 있는 *트립*이라는 개념에 대해 오랫동안 알고 있었다. 이들은 몸이 아팠던 사람의 옷은 입지 않았을 뿐 아니라 전통적으로 자기가 쓸 그릇과 식기구는 갖고 다니는 경우도 흔했다. 일부 지역에서는 목에 숟가락을 걸고 다녔다. 자기 집이든 남의 집이든 자신이(오로지 자기만) 사용했던 식기를 사용한다. 역사적으로 티베트 사람들은 과학, 생리학, 그리고 인체에 대해 놀라울 정도로 잘 알고 있었다. 이 점에서는 서양보다 훨씬 앞섰다. 티베트 사람들의 인체 해부에 대한 이해는 망자의 몸을 토막내 독수리에게 먹이는 조장(鳥葬) 풍습으로 일부 알려져 있다. 물론 그들의 개인 식기 및 그릇 소유 풍습이 반유목민 생활방식과 낮은 인구밀도 때문일 수 있다. 즉 이동할 때 갖고 다녀야 했을 테고, **트립**에 대한 개념은 다른 이유로 나타났을 수도 있다. 놀라움을 금할 수 없다. 인체 생리학에 대한 지식이 풍부하고 역사상 인류가 그랬던 것처럼 특히 심각한 전염병에 직면했던 이들이 바로 티베트 사람들처럼 생활방식을 바꿨을 것이라 기대하기 때문이다.

    동아시아 지역의 터치를 잘 하지 않는 인사 문화가 이전에 발생한 전염병에 대한 반응으로 다르게 진화한 것이라면, 대대적인 문화적 변화가 발생한 다른 조건들에 대해서 확신할 수 없다. 인구가 적고 급격히 줄어든 인구 병목현상 탓인지 아니면 창시자 사건(진화론자들이 주장하는 번식 쌍이 거의 없는 상태-옮긴이) 때문이었을까? 또는 강력한 지도자가 내린 명령에 따른 정치적 동기 때문이었던 것일까(나치식 경례가 독일에서 확산되었던 그 속도를 생각해보라)? 아마도 이런 행동 변화에는 시간이 많이 걸린다. 따라서 행동 변화라는 일종의 전염의 원인을 되짚어 갈 수 있다면, 정말 길고 오래 지속된 전염병이든지 아니면 장기간에 걸친 여러 전염병을 분명히 확인할 수 있을 것이다.

이 장에서 제시한 이론 — 악수는 우리의 유전자에 깊숙이 각인되어 있으며 단지 문화적인 것인 것이 아니라 생물학적이며, 최소 7백만 년의 역사를 가졌다 — 은 다양한 과학 분야를 근거로 한다. 그리고 내 생각에 결과는 분명하다. 악수를 바라보는 우리의 패러다임을 바꿔야 한다는 것이다. 대중적인 문헌들은 악수를 신뢰의 상징이자 무기를 소지하지 않았다는 증거라고 집착하고 있다. 다음 장에서 살펴볼 악수의 상징성은 분명하다. 하지만 생물학과 진화의 중요한 역할을 언급하지 않거나 서양 선교사들이 악수의 선조라는 '주장들'은 게으르고, 엉망으로 한 연구이자 돌고 도는 쓰레기에 불과하다. 악수의 기원은 그보다 훨씬 더 심오하다.

2

상징: 악수는 무엇을 의미하는가?

악수에는 생물학적 목적이 담겨있다 — 아울러 생물학적 기원도 포함되어 있을 가능성이 아주 높다. 그렇다고해서 악수에 상징적 의미, 가치, 목적이 없다는 뜻은 아니다. 상징은 악수 이야기의 단지 일부에 불과하다. 알고 보면, 우리가 먹는 이유는 생물학적 명령 때문이지만, 친구들은 내가 나의 결혼 케이크를 사왔던 생일을 기억하고 있다. 친구들은 내가 페미니스트 선언을 하는 줄 알았지만, 그건 우연이었다. 프로피테롤(작은 공 모양의 슈 페이스트리에 초콜릿을 가득

없은 프랑스 디저트—옮긴이)을 정말 좋아하는데, 내가 주문한 게 약 1미터 높이의 케이크였다는 걸 케이크가 오고서야 알았다. 그러니까 이건 완전 결혼 케이크! 생일 케이크, 아니 우연한 결혼 케이크… 이런 케이크는 우리의 영양을 위해서만은 아니다. 마찬가지로 악수에는 생물학적 이유 이상의 무언가가 담겨있다. 외교적이고 예술적이며 심지어 결혼으로까지 이어지는 무언가가 들어있다. 악수에 담긴 화학신호 좌표 또는 터치 수용체를 자극하는 생물학적 목적과는 다른 상징적 의미를 잘 알고 있다. 상징적 제스처는 동의, 수락, 항복이라는 우리가 공유하고 인정한 악수의 의미를 인식할 것을 요구한다. 악수에 부여된 의미는 세월의 흐름에 따라 오늘날 우리가 보기에 놀랄 정도로 변했다. 그러나 한가지는 그대로이다 — 모두 좋은 의미라는 점이다. 악수에 긍정이외의 다른 것이 끼어들 여지는 전혀 없었다.

악수 해부

사람의 손이 갖는 상징성에 대해 얘기하지 않고 악수의 상징성을 논할 수 없다. 물론 사람의 손은 진화의 여정을 거쳤다. 이런 진화를 통해 어떤 동물은 손이 날개로, 물갈퀴로 변했고, 우리 인간은 (그리고 침팬지와 같은 가까운 친척들은) 손바닥과 네 개의 민첩한 손가락 그리고 우리 인간의 유명한 마주볼 수 있는 엄지로 완성되었다. 영장류의 손은 그 자체로 매력적인데, 가지를 붙잡을 수 있도록 다른 손가락과 마주보는 엄지 손가락과 뾰족한 발톱 대신 작은 손톱으로 진화했다. 그러나 우리 인간의 손은 더 진화했다. 두발로 걷게 되면서, 손은 이동의 책임에서 해방되기 시작했다. 특히 우리 인간의 엄지는 다른 손가락에 비해 상대적으로 길어져 다른 손가락을 만질 수 있게 되었다. 덕분에 손으로 할 수 있는 일에 혁명이 일어났다. 타의 추종을 불허하는 악력과 손재주를 갖게 되었고, 이를 통해 우리의 손뿐만 아니라 우리 주변의 세상을 조작할 수 있는 능력을 갖게 되었다. 철학자 임마누엘 칸트 Emmanuel Kant는 우리의 손을 '눈에 보이는 뇌[1]'라고 표현했다. 실제로 사람속(屬) 첫 번째 종(種)을 호모 하빌리스 Homo habilis라고 불렀다. 호모는 '인간'을 뜻하고 하빌리스는 '손 재주가 있는'이라는 뜻이다. 문자 그대로 세계 최초 손 재주를 가진 사람이었다. 우리 종(種)만 도구를 사용한 것은 아니지만, 인간만이 손을 사용해 점점 복잡한 기술을 만들어냈다. 날개를 보며 종종 감탄할 때가 있다. 분명 괜찮은 진화이다. 하지만 새가 인간의 정신 능력을 가졌다면, 사람의 손과 손이 만들어 낸 것을 보고 경외심과 경이로움에 탄복할 것이다. 철의 시대부터 아이폰에 이르기까지, 우리가 만든 세상은 손이라는 독특한 부속물에 진정한 찬사를 보낸다.

우리는 주변의 세상을 만들고 묘사하는데 손을 사용한다. 옛날 글을 보면 길이의 단위로 손의 크기를 사용한다. '*디지트*digit'라는 단어는 손가락이나 발가락을 뜻하는 라틴어 *디지투스*digitus에서 유래했다.[2] 그 밖에도 손을 사용하면 우리가 말하는 단어를 표현하거나 강조할 때 훨씬 효과적으로 할 수 있다. 나는 아랍인이라 태생적으로 사교적이고, 아랍 문화에 익숙하며, 말할 때 손동작이 아주 많다. 방송에 출연할 때, 내 손동작 때문에 정신 사나울 수 있어서 손을 깔고 앉는다. 하지만 손동작은 보디 랭귀지의 중요한 요소이기 때문에 손동작을 못하면 부자연스럽고 마치 모든 것을 마음대로 표현하지 못하는 것처럼 불만스럽기까지 하다. 손동작만으로도 의미가 분명한 경우가 많다. 예를 들어 엄지 손가락 치켜 들기, 가운데 손가락 들기, 수업시간에 손 들기, 그리고 물론 악수도 그 중 하나이다.

그렇다면 우리의 손이 그렇게 심오한 의미를 가진다는 것이 놀라운 일인가? 법정에서 거룩한 책 위에 손을 얹고 맹세하고 (선서하며 말할 때는 손을 들고 있고), 결혼 승낙을 받을 때 누군가의 손을 요청하고, 어떤 친구들은 손금을 믿고, 여러 문화권에서 손 이미지로 악마의 눈을 막기도 한다. 필리핀의 민다나오Mindanao 부족은 싸우고 나면 적의 손을 갖고 돌아왔고, 필리핀의 이트네그(팅구이안) 부족은 힘을 상징하는 뇌, 귓불, 손가락 관절과 같은 신체 부위로 술을 만들곤 했다.[3] 이러한 것을 고려해 볼 때, 우리 손의 무언가 ― 우리의 지문 ― 가 최고의 신원 확인 수단이라는 점은 우연이라기보다 시처럼 느껴진다. DNA 수준에서도 구분할 수 없는 일란성 쌍둥이라도 지문은 서로 다르다.

악수의 예술(흔들기)

앞 장에서 악수는 화석과 고고학적 기록으로도 찾아볼 수 없다고 말했다. 사실이다. 그러나 언제나, 수천 년의 시간이 흐른 지금도 암벽화와 동굴 벽화에 나타난 손에 대한 집착을 다른 문화권에서도 분명히 찾아볼 수 있다. 종종 붉은 황토색으로 된 손자국과 손 스텐실은 호주에서 미주 대륙에 이르기까지 벽화에서 찾아볼 수 있다. 때로는 수만 년 된 손자국은 문자 그대로 시, 공간을 초월한다. 그리고 유인원들도 그랬다. 스페인의 말트라비에소 동굴Maltravieso Cave에 72개의 손자국이 있는데, 이 중 하나는 최소 66,000년 전의 것으로,

전 세계에서 가장 오래된 동굴 예술작품이다. 하지만 호모 사피엔스는 66,000년 전에 스페인에 살고 있지 않았고, 네안데르탈인이 살고 있었다. 초기 동굴과 암벽 예술작품에는 손뿐만 아니라 기하학 모양, 막대기 모양의 인간, 동물도 볼 수 있다. 하지만 초기 예술 레퍼토리가 성숙해지더라도 손은 여전히 남아있다. 사람들은 페슈 메를Pech Merle 동굴의 점박이 말과 같은 너무나 유명한 선사시대 예술 작품이 손바닥 작품에 둘러싸여 있다는 사실은 잘 알아차리지 못한다.

이와 같은 구석기 시대의 뱅크시Banksies 작품 — 그리고 그들의 손에 대한 집착 — 이 전 세계에 복제된 것을 보았다. 2019년 말, 콜롬비아의 세라니아 데 라 린도사Serrania de la Lindosa에 있는 암벽화 유적지 두 곳을 방문했다. 한 곳은 세로 아줄Cerro Azul이라고 불렀고, 다른 곳은 발견된 지 얼마 되지 않아 이름이 없었다. 고고학자인 호세 이리아르떼José Iriarte 교수는 나중에 발견된 곳은 남미에서 발견된 최대 규모의 암벽화 저장고일 것이라고 예측했는데, 내가 그런 유적지를 본 최초의 외부인들 중 하나가 될 것이다. 여기를 보시라! 모든 그림과 추상 예술 중에 붉은 황토색의 손바닥 자국이 정말 많다.

(붉은 황토색에 손상이라도 갈까 봐) 벽화 바로 앞에 서서 손을 올린 채, 바로 이곳에 오래전에 누군가 이렇게 서 있었다는 것을 알 수 있었다. 아마도 어떤 예술가, 아마도 주술사일 수도… 아니면 비행

청소년이었는지도 모른다. 손바닥 자국은 해석이나 상상 작품이 아니고, 실제로 존재했던 것을 정확하게 묘사한 것이다. 동굴이나 암벽화에서 가장 정확한 묘사이다. 여러분이 그곳에 서 있으면, 수천 년 전에 살았던 누군가와 마치 악수하는 것 같이 느껴진다.

 손자국에는 한 가지 이상의 의미가 담겨 있을지 모른다. 어른과 두 살 된 아기가 동굴 벽 아주 높은 곳에 남긴 신비한 손자국을 보고 폴 쁘띳Paul Pettitt과 동료 연구자들은 어두운 동굴 상황에서 아마도 동굴의 특징에 대한 실질적인 조언과 경고(음! 절벽! 곰!!)를 위한 의사소통 방법이었을 수 있다는 결론을 내렸다. 우리는 손자국이 아마도 그것들을 만든 사람들에게 정확히 어떤 의미였는지를 알 수 없을 것이다. 하지만 우리가 확실히 아는 것은 손이라는 모티프가 매력적이라는 것이며, 일부 지역에서는 손 모티프가 마치 하늘로 올라가는 겹쳐진 손 모양으로 표현되기도 한다. 세로 아줄 동굴에서 본 것 처럼 다른 동굴에도 사람들이 손을 잡고 일렬로 서 있는 것처럼 보이는 작품(예술성이 풍부한 누군가가 멋지게 묘사한 아주 남성적인 일렬의 모습)이 있다.[4] 손의 도상학(조각 그림 등에 나타난 형상의 종교적 내용을 밝히는 학문-옮긴이)은 힌두교 신들을 묘사할 때 보이는 여러 개의 팔에서부터 예배 자체의 보디 랭귀지에 이르기까지 여전히 오늘날 수많은 영적, 종교적 전통과 분명히 관련 있다.

이는 우리 손이 가진 표현의 잠재력을 보여주는 것 같다. 기독교의 기도에서는 손끝을 위로 한 채 손을 모으고, 무슬림 기교에서는 마치 구걸하는 것처럼 손을 펼쳐 손바닥을 하늘로 향하고 약간 오므린다. 미켈란젤로Michelangelo의 유명한 시스티나 성당 프레스코 벽화인 '아담의 탄생The Creation of Adam'에는 신과 아담이 거의 손을 맞대고 있다. 모든 거리를 뛰어넘는 연결은 인류에게 전달되는 생명의 불꽃으로 여겨진다. 그러나 비평가인 에드 사이먼Ed Simon의 해석은 내 맘에 든다. '미켈란젤로가 그린 시스티나 성당의 신과 아담 그림을 역사상 최초의 악수를 하기 몇 초 전을 묘사한 것으로 상상해 보니 재미있네요.'[5]

신화, 전설 그리고 … 악수

악수의 기원으로 무기가 없다는 것을 보여주는 이야기가 시작된 중세 시대를 언급하는 경우가 많다. 오른손으로 검을 잡기 때문에 손바닥을 펴서 손에 아무것도 없다는 것을 보여주고, 소매에 숨겨놓은 무기가 있다면 빠져나올 수 있게 손을 위아래로 흔들었다. 이러한 '무기 이론'에 따르면, 인사법 중에서 모자를 아래로 기울이는 것은 헬멧의 챙을 올리는 것에서 유래한 것이며 ― '전쟁 준비'가 안되었다는 것을 드러냄 ― 손을 흔드는 것은 무기를 휘두르는 것이 아니라는 것을 멀리서 보여주기 위해서이다. 이 이야기는 최소 19세기부터 시작된 것으로 보인다. 1887년 일간지 《로체스터 포스트 익스프레스》Rochester Post-Express는 이렇게 썼다. '모든 야만인이나 반 야만인이 스스로 법률가, 판사, 군인, 경찰이었던 초기 야만 시대에… 검, 단검, 몽둥이, 토마호크 또는 기타 전쟁 무기를 휘두르는 손을 [사람들이 내밀었다] 손에 아무 것도 없고, 전쟁이나 배신의 의도가 없다는 것을 보여주기 위해 각자 이렇게 했다.'[6] 다소 편리한 설명이지만, 슬프게도 자세히 살펴보면 이 개념은 기본적으로 말도 안되는 이야기이다.

이미 살펴보았듯이 악수의 기원은 청동기와 철기시대뿐 아니라 석기시대까지 거슬러 올라간다 ― 우리가 얘기하는 무기 같은 게 나타나기 훨씬 이전이다. 만일 그렇지 않더라도, 무기 이론에는 분명히 실질적이고 논리적인 문제가 있다. 손에 무기가 없다는 것을 증명하는 것은 상대방이 위협으로 간주된다는 것을 암시한다. 그러나 악수를 하려면 서로 가까이 다가서야 하기 때문에, 두 사람 모두에게 공격할 기회와 수단을 제공한다(6장에서 매킨리McKinley 대통령의 비극적 사건을 살펴 볼 것이다). 처음에는 오른손이 비어있을 수 있다.

하지만 거리가 가까워지자마자 검이나 단검을 잡는 것을 어떻게 막을 수 있을까? 오른손이 다른 사람의 오른손에 잡혀있더라도, 왼손은 자유로운 상태이니 그 왼손으로 몸에 지니고 있는 무기를 잡는 것을 어떻게 막을 수 있단 말인가? 맨 손으로 가할 수 있는 피해는 말할 것도 없다! 악수가 근본적으로 신사적인 치킨 게임이라는 것을 받아들이지 않는 한 이 주장에는 문제가 있다. 좀 더 인류학적인 시각에서 볼 때, 인사할 때 무기를 사용하거나 '공격성'을 드러내는 문화에 대한 증거가 많다. 예를 들어, 마오리족은 무기를 들어서 인사를 한다.

　이러한 악수의 기원 이야기가 어떻게 주목을 받았는지는 분명하지 않다. 그런데 코믹 릴리프 행사(영국 전역에서 2년마다 열리는 기부행사의 날인 'Red Nose Day'를 주관하는 Comic Relief라는 자선단체의 행사−옮긴이)에 자기 동생들이 허리에 정교한 모양의 단검을 찬 전통 예멘 복장을 하고 버밍엄 학교에 나타나지는 않을 것이다. 내 남동생은 3년 연속 이런 복장을 했고, 당연한 듯 '베스트 의상'을 매년 수상했다. 딱 한 번은 동생의 선생님이 단검을 빼서 '안전한 보관'을 위해 방과후까지 교장선생님에게 맡긴 적이 있다. 1990년대에 버밍엄 학교 당국은 안전에 대해 너무나 느슨했다 ─ 부모가 무기를 줄 거라고는 생각하지 못했던 것 같다. 하지만 악수의 기원을 중세 시대의 기사 전통에서 찾을 수 없는 한 가지 분명한 이유가 있다. 역사에 분명히 이렇게 기록되어 있다. 사실, 우리는 수천 년 동안 악수해 왔다.

메소포타미아

악수에 대한 분명하고 확실한 가장 오래된 묘사는 두 개의 고대 메소포타미아 제국인 바빌로니아와 아시리아 시절에서 찾을 수 있다. 이라크 북부의 님루드에서 발견해, 현재는 바그다드의 이라크 박물관에 소장되어 있는 기원전 9세기에 만들어진 부조(浮彫) 작품에 아시리아의 샬마네세르 3세와 바빌로니아의 왕 마르둑-자키르-슈미 1세가 악수하는 모습이 담겨 있다.

샬마네세르 요새의 왕좌를 받치고 있는 단에 새겨진 부조는 승리를 기념한다. 샬마네세르는 마르둑-자키르-슈미가 그의 동생인 마르둑-벨-우사티가 벌인 반란을 진압하는데 도움을 주었다. 부조를 보면 왕 뒤에는 궁정, 고문 또는 경비병들로 구성된 일종의 명예 경비대(추정)가 있고, 일부는 무기를 들고 있다. 왕좌의 방에서 부조가 놓인 위치로 보아 샬마네세르 3세가 아주 중요하게 여겼다는 것을 알 수 있으며, 부조에 새겨진 글귀는 마치 샬마네세르 3세가 혼자서 마르둑-자키르-슈미의 왕좌를 되찾은 것처럼 이 승리가 자신만의 것이라는 점을 암시한다. 역사학자들은 샬마네세르가 자신의 역할을 정치 경력의 정점, 자부심, 국제 관계 쿠데타, 군사적 승리 등으로 약간 과장했지만, 이때가 그에게 가장 중요한 순간이었다고 주장했다. 21세기 관점에서 볼 때, 부조에 담긴 모습은 너무나 친숙하다. 이는 국가 정상 간의 악수였으며 돌에 새겨 영원히 남기고, 왕좌에 올려진 점으로 미뤄볼 때 외교적 악수는 그 역사가 깊다는 것을 알 수 있다. 지금 같으면 돌에 새기는 것 보다 백악관의 로즈 가든에서 악수를 나누고 이를 NBC와 BBC 방송으로 내보내는 것이 좋았을 것이다. 마르둑-자키르-슈미가 외국의 왕으로 아마도 의존국의 왕이라는 점을 고려해볼 때, 두 왕이 동등하게 악수하는 장면에 일부 고고학자들은 혼란스러웠다. 이들은 마르둑-자키르-슈미였다면 존경의 의미로 무릎을 꿇거나 입맞춤을 했어야 하기 때문에 마르둑-자키르-슈미일리가 없다고 주장했다.[7] 그러나 고고학자인 데이빗 오츠David Oates가 1962년에 쓴 님루드(오늘날 이라크에 해당하는 고대 앗시리아의 도시-옮긴이)에 관한 논문에서 지적했듯이 당시 악수가 반드시 평등을 상징하는 것은 아니었다. '"다른 사람의 손을 치는 것은" 기원전 2천년 근동 외교에서 동맹 제안을 공식적으로 거절하거나 기존 관계의 파기를 의미했다.' 따라서 '손을 붙잡는 것은 두 명의 당사자가 동등하지 않았을 때 조차 국가 간 합의를 확인하기 위한 방법이었다'고 추론할 수 있다.8 그래서 외교적 악수의 첫 번째 기록은 동등한 관계를 의미하는 것이 아니라, '거래 성사'라 볼 수 있지만 다른 의미를 지닌다. 모든 사람이 볼 수 있도록 묘사하고 샬마네세르 왕국에서 문자 그대로 권좌를 장식하는 것은 친숙한 악수를 다른 방식으로 반복한 것이었다. 악수는 본질적으로 선전 활동이다.9

그리스

고대 그리스에서 발견된 악수에 대한 가장 오래된 문헌은 기원전 8세기 경으로 거슬러 올라가 호머Homer의 일리아드와 오딧세이에서 찾아볼 수 있는데 악수는 신뢰, 위로 그리고 충성 맹세를 상징한다. 가장 잘 알려진 예는 일리아드에서 트로이의 글라우코스와 그리스의 영웅 디오메데스가 전쟁터에서 만나는 대목에서 나온다. 애초에 단 한 번의 전투로 끝내기로 했는데, 디오메데스의 할아버지가 글라우코스의 아버지에게 향응을 베풀었다는 것을 알게 되자 서로의 적대감은 '친근한 말'로 바뀌었다. 둘은 전차에서 뛰어내려 서로의 손을 잡고 우정을 맹세했다.10 한 학자에 따르면, 악수는 디오메데스와 글라우코스의 만남을 유명하게 만들었다고 말한다. 상호 이해에 대한 독특한 강조 덕분에, 일리아드 작품에 온통 전쟁 분위기가 가득한데 상호 존중의 예절을 표하는 장면이라니 사막의 오아시스처럼 널리 여겨진다.'[11]

기원전 5세기가 되어서야 이러한 언급에 이어 악수 도상학에 대한 관심이 폭발적으로 늘었다. '오른손 잡기'를 뜻하는 덱시오시스 dexiosis로 불리는 고대 그리스의 악수는 산 자와 죽은 자, 인간과 신, 가까운 친척, 이방인, 그리고 남녀 사이에서 하는 것으로 묘사된다. 고전 고고학자인 재닛 버넷 그로스먼Janet Burnett Grossman은 악수를 '연결을 상징하는 제스처'로 정의한다.[12] 악수는 오늘날 우리가 인식하고 있는 다양한 의미(우정, 결속, 동맹, 평화)뿐만 아니라, 우리에게 그다지 익숙하지 않은 두 가지 의미를 품고 있다. 그것은 바로 장례 예술과 결혼을 상징하는 악수이다. '이제 신부와 악수해도 됩니다'라는 말은 낯설다. 정말 악수가 결혼을 상징한다면, 우리 대부분은 갑자기 일부다처제를 즐기는 셈이 될 것이다. 장례와 결혼에서 언급하는 악수는 지속적인 결합이나 관계와 연관 있는 것으로 보인다. 장례 예술과 묘비에서 악수는 산 사람과 세상을 떠난 가족이 하는 것으로 묘사되는 경우가 흔했다. 그 의미를 정확하게 알 수는 없지만, 아마도 이별과 관계의 지속 ― 결속, 사후 만남을 상기시켜주는 것은 아닐까?

고전 시대에 악수에 여러 의미가 담겨있었다는 것은 분명하다. ─ 악수가 가진 상징적 융통성과 다양성에 모호한 느낌을 주기 위해 예술가들이 일부러 사용했을 수 있다.[13] 이러한 악수의 다양한 상징적 의미는 ─ 모두 긍정적이긴 하지만 ─ 현대적이지도 않고, 인간의 창의성의 결과로도 보기 어렵다. 영장류의 악수에 대한 연구에서, 캣 호베이터Cat Hobaiter 박사는 침팬지의 악수도 긍정적이지만 다양한 의미가 담겨 있어 결과적으로 정의하기 어렵다는 점을 발견했다. 이러한 전반적으로 긍정적인 모호함이 상징적 제스처로 악수가 가진 장점의 일부이다. 그 덕분에 시간과 공간에 따라 조금 변할 수 있으며, 침팬지, 고대 그리스의 전사, 그리고 오늘날의 인간 등 다양한 존재를 대변할 수 있는 의미의 융통성을 유지할 수 있다.

나는 고대 그리스의 특별한 악수에 각별히 끌린다. 기원전 6세기에 헤라클레스와 다른 켄타우로스들로부터 자신을 보호해 준 폴로스가 했던 악수이다. 이 장면을 묘사한 암포라(고대 그리스-로마 시대의 몸통이 불룩 나온 긴 항아리-옮긴이)에는 중재의 신 헤르메스가 나온다. 우호적인 만남을 이끌어 내려 애쓰다 지친 듯 오른편에 앉아 있다.[14] 중재자의 자랑스러운 등장은 현대 외교에서 볼 수 있는 또 하나의 친숙한 장면이다. ─ 팔레스타인 사람들과 이스라엘 사람들이 악수하도록 애쓰고 난 후에 빌 클린턴이 실제로 이렇게 느꼈을 것으로 생각한다.

에트루리아와 로마 시대

기원전 4세기와 1세기 사이에 에트루리아의 장례 예술에서 여러 형태와 다양한 재료로 표현된 악수는 광범위하게 등장한다. 악수는 대량 제조한 기성품에도 등장하지만, 무덤이나 석관에서도 볼 수 있다. 여기서 악수는 우주, 즉 시간의 세계관에 진정한 통찰력을 보여준다. 예술의 모티프로서 악수는 어린이, 하인, 부부가 날개 달린 영혼, 악마, 그리고 지하 세계의 정령인 카룬Charun과 공간을 공유하는 사후 세계에 대한 에트루리아인 특유의 내세관을 보여준다.[15] 자세히 들여다보면 매력적이고 때로는 재미있기도 하다. 고전주의학자인 글레니스 데이비스Glenys Davies가 말했듯이, '지하세계의 정령과 인간들 속에서 부부가 악수를 나누는 장면은 아주 흔하다. 악마들은 부부 옆에 참을성 있게 서있기도 하지만, 때로는 악마 중 하나는 부부 중 한 사람은 데려가야 하니 더는 못 참겠다는 듯 보이기도 한다.' 또 다른 예를 보면, '치안판사를 지낸 사람을 추모하러 관리들과 음악가들이 동원된 행사에서 고인이 행렬의 지도자와 악수를 나누는

장면이 나온다. 모두가 그를 환송하러 나온 것이다.'[16]

에트루리아 문명을 이은 로마 제국에서, 장례 문화뿐 아니라 그림, 동전, 그리고 모자이크에서도 오늘날 덱스트라룸 이운치오dextrarum iunctio로 알려진 악수를 또 볼 수 있다. 바다 괴물 세투스에게서 안드로메다 공주를 구출하는 모습을 묘사한 두 개의 그림에서 그녀의 아버지 세페우스가 영웅 페르세우스의 손을 잡고 악수한다. 아마도 남자다운 제스처로 공주를 구해줘 고맙다고 하는 듯 보인다.[17] 이 악수는 승인과 지지의 뜻을 담고 있다. 그레이트 브리티시 베이크 오프Great British Bake Off(아마추어 베어커들이 경쟁하는 텔레비전 베이킹 대회 -옮긴이) TV 프로그램에서 폴 할리우드가 특히 맛있는 빵을 칭찬할 때 하는 유명한 '할리우드 악수'와 크게 다르지 않다.

악수와 서열

악수 이미지의 문제점은 정확하게 무엇을 묘사한 것인지를 알 수 없다는 것이다. 단순히 손을 꽉 잡은 것인지 아니면 전형적인 악수로 손을 위, 아래로 흔드는 것인지 구분이 안된다. 결국 영국의 중세시대가 훨씬 지나고 나서야 악수에 대한 언급이 나타나기 시작했다. 1513년에 나온 『스코틀랜드 옛말사전』Dictionary of the Older Scottish Tongue에 '손 흔들기'가 수록되어 있다.[18] 결과적으로 손을 꽉 쥐는 것이 악수와 같은가에 대해 의구심을 품었던 이들도 있다. 나는 그들에게 이렇게 말한다. 네, 그럼요.[19] 이제 그만 하시죠.

악수의 역사가가 직면한 문제 중 하나는 역사 기록에 악수하는 모습이 없는 것이 정말 악수를 안 해서 그런 것인지 아니면 '문 잡아주세요' 또는 '얘기 잘 들었죠?'라고 말하는 것처럼 인간의 상호작용에서 너무나 진부해서 생략한 것인지를 구분하기 어렵다는 점이다. 하지만 악수가 역사서에서 자취를 감추게 된 또 다른 이유는 계급과 지위와 관련 있다. 역사는 가난하고 힘없는 사람들이 기록하는 일은 드물다. 만일 '하층' 계급은 악수하고, '상류' 계급은 지위, 계급, 품위를 지켜주는 인사를 선호한다면, 인사는 절과 경례가 전부라는 판단을 하기 쉬울 것이다.

그래서 이제 역사상 가장 건방진 악수 중 하나이자 이 간단한 제스처가 가진 급진적인 잠재력을 보여주는 완벽한 예를 살펴보자. 악수는 평등에 대한 상징적 주장이자 위계질서의 파괴자이다. 영-불어(영국 노르만 왕조에서 사용한 프랑스어-옮긴이)로 쓴 익명의 역사서인 『어나니멀레 크로니클』The Anonimalle Chronicle에는 리처드 2세에 대항해 와트 타일러Wat Tyler가 주도한 1381년 대반란이 발생했던 요크의 한 장면이 나온다. 타일러가 리처드에게 다가가 힘차게 손을 잡으며 악수한다. 타일러는 악수하면서 군주를 '형제'라고 부른다.[20] 이는 여왕을 '사랑'이나 '동지'라고 부르는 것과 비슷하지만, 왕이 절대군주이자 지구상에서 신의 직접 대표자로 여겨지던 신권 시대에는 약 천 배 이상 충격적이었다.

사회, 서열, 그리고 악수 또는 좀 더 구체적으로 서열 사회와 악수 간에는 분명하고 흥미로운 상호작용이 있다. 중세 유럽은 대체로 뿌리 깊은 사회질서를 가진 봉건사회였으며, 이는 인사하는 행동에 드러난다. 예를 들어 무릎 꿇기, 머리 숙이기, 그리고 이믹스치오 마눔immixtio manuum이라고 알려진 복종 행위로 손바닥을 맞대고 양손을 모아 다른 사람의 손바닥 사이에 놓는 제스처를 한다.[21] 제스처의 대칭성은 아주 중요하며 위계질서를 확립하고 강화하는데 도움이 된다. 한 역사학자가 말했듯이, '신체의 대칭적 사용은 동등한 지위를 확립하는 법적으로 유효한 과정과 다를 바 없으며'[22] 주로 외교 관계에서 통치자들 사이에서 사용되었다 — 이는 와트의 다정한 악수에 분명히 새로운 의미를 부여한다.

제스처의 대칭과 위계질서의 중요성은 오늘날에도 여전히 유효하다 — 동아시아 지역에서 서로 머리를 숙이는 인사는 상호 겸손과 존경을 표하는 것이다 — 프란스 드 발Frans de Waal에 따르면, 수컷 침팬지는 알파 침팬지(우두머리 침팬지-옮긴이)에게 고개를 숙여 인사한다.[23] 이것이 보여주는 것은 — 당신이 반란군의 우두머리이든 얼굴이 물리지 않으려고 노심초사하는 베타 침팬지이든 — 우리가 알든 모르든, 우리의 인사는 사회적 신호를 전달하는 수행적인 의미를 담고 있다는 사실이다. 인사는 세상에 대한 우리의 이해를 투영해준다. 물론 중세보다 훨씬 더 평등한 사회에 살고 있는 오늘날에도 여전히 여왕에게 절을 하거나 경의를 표하는 것은 너무나 이상할 따름이다. 특히 어린 시절에 나는 이슬람신자는 알라신 이외에 어느 누구에게도 절해서는 안된다(선지자에게도 무릎을 꿇지 않는다)고 인이 박히도록 들었다. 그리고보니 여왕을 만나면 어떻게 할지를 걱정하던 어린 시절이 생각난다. 그 때 우리 반 친구들은 보이존(90년대에 인기를 누린 아일랜드 밴드-옮긴이)을 만나면 어떻게 할지를 고민하는 것 같았다. 물론 반대 의견을 가진 이들도 있다. 셰리 블레어Cherie Blair는 1997년에 남편이 영국의 총리가 된 후 여왕에게 무릎을 굽혀 경의를 표하는 것을 거부한 것으로 유명했으며, 줄리아 길라드 호주 총리도 2011년에 여왕에게 경의를 표하지 않았었다. 하지만 여전히 이러한 관행에 이상한 맹점이 있는 것 같다. 테레사 메이Theresa May가 2018년에 윌리엄 왕자Prince William를 알현했을 때, 언론은 그녀가 어색하고 믿을 수 없을 정도로 몸을 낮춘 것을 집중 보도했다. 하지만

2 상징: 악수는 무엇을 의미하는가?

나는 당신의 '어색한 자세'가 시대착오적이고 어울리지 않았다는 사실을 분명히 밝히는 바이다. 이 나라 국민 덕분에 영국의 두 번째 여성 총리가 된 다 큰 성인이 나이도 절반밖에 되지 않는 왕자 앞에 엎드려야 한다는 것은 너무나 부당하다고 생각한다.[24]

   조용한 급진주의가 악수의 역사 속에서 진행되고 있었다. 불평등이 깊이 내재된 사회에서 동등하게 인사를 나누는 대칭적인 제스처는 상징적인 힘을 가졌다. 기독교 종교 운동의 하나인 퀘이커교Quakerism는 세상의 종말처럼 느껴지던 시대에 등장했다. 찰스 1세와 의회 사이의 내전은 군주의 참수로 절정에 달했다. 급진적인 종교 이데올로기가 넘쳐났다. 퀘이커 신자들이 가진 초기 사상을 오늘날 우리가 완벽하게 이해할 수는 없을 것이다 ― 이들의 사상은 유해졌다 ― 그러나 한 가지, 즉 평등주의에 대한 그들의 다짐은 변함없는 진실이다. 악수가 퀘이커 교도들의 세계관에 중요한 역할을 하게 되었다는 사실은 놀랍지 않다. 『퀘이커라 불리는 기독교인의 등장, 성장 그리고 부흥의 역사』The History of the Rise, Increase, and Progress of the Christian People called Quakers에서 윌리엄 시웰William Sewel은 이렇게 기록했다. '그들의 평범함 그리고 그들이 나누는 대화의 품위와 단순함. 퀘이커 교도는 영국 성공회의 의식과 인사법을 사용하지 않고 자유롭게 악수하며 모두 고귀한

형제자매로서 대화한다.'25

존 불워John Bulwer의 1644년 저서인 『키롤로지아: 손의 자연어』 Chirologia: Or the Natural Language of the Hand에서 당시에 악수를 어떻게 여겼는지를 알 수 있다. 이 저서에는 '악수는 우정, 평화로운 사랑, 자비, 경의, 접대 및 환대, 화해, 축하, 감사, 이별, 행복 염원에서 흔히 볼 수 있는 표현'이라 설명한다. 예상하듯이 모두 긍정적인 의미를 담고 있고, 친구로 알려진 퀘이커 교도들이 덜 위계적인 인사법을 찾다가 악수라는 제스처를 택한 것으로 보는 게 딱 맞는 말이다. 오늘날 여전히 퀘이커 교도들은 예배의 마무리로 서로 악수한다.

영국에서 박해를 피해 퀘이커 교도들이 청교도 정착민으로 북미대륙에 도착한 이후 북미대륙에서 악수를 대중화 시켰다고 주장하는 이들도 있다. 이는 종종 대서양 건너편에서 시작된 문화 쿠데타로 여겨지지만 자세히 살펴보면 그럴 가능성은 희박해 보인다. 한 예로, 악수는 이미 북미대륙에 존재하고 있었다. 물론 더 넓은 문화, 사회적 맥락도 살펴봐야 한다. 『입맞춤 한 번 아니면 두 번?』One Kiss or Two?의 저자인 앤디 스콧Andy Scott은 이렇게 썼다. '악수의 등장이 민주주의적 이상의 등장과 일치하는 것은 우연이 아니다.' 나 역시 동의한다. 대서양의 양쪽에서 위계질서에 따른 인사를 '수행하는 것'에 대한 거부감이 점점 늘어났고, 그런 인사를 반대하던 사람들은 법원에서 조차도 위계적 인사를 거부했다. 여러분의 관점에 따라 평등주의적 저항이라는 강력한 행위로 혹은 불손과 무례함으로 비칠 수도 있다. 퀘이커 교도들은 노골적으로 위계에 적대적이고 경멸적인 태도를 보이며, 모자를 벗거나 '각하'(Your Grace: 왕, 왕족, 귀족, 대주교 등에 대한 경칭 -옮긴이)라는 경칭 사용을 집단 거부했기 때문에 이 이야기의 중심에 서있다. 그래서 악수라는 광범위한 유행을 더 잘 기록하고, 더 조직적으로 보여주는 사례로 퀘이커 교도들을 언급했을 지 모른다.[26]

민주주의를 향한 이러한 움직임은 정치적, 문화적, 사회적 의의를 품은 순간이었다. 미국 건국의 아버지 중 한 명이자 후에 미국의 3대 대통령을 역임한 토머스 제퍼슨Thomas Jefferson은 다른 공손한 제스처보다 악수를 선호해 악수를 더 유행시켰다. 이 점에서 그는 아마도 의도적으로 악수를 싫어하고, 허리를 굽혀 인사하는 것을 선호했던 조지 워싱턴George Washington과 달랐다. 워싱턴의 이러한 습관 때문에 미국의 초대 대통령 조지 워싱턴에게 군주적 성향이 있는 건 아닌지 의심스러워했다.[27] 제퍼슨은 '모든 인간은 평등하게 태어났다'라는 문구가 담긴 1776년 독립선언문의 기초자였다. 평등주의를 적극 주장했고(최소한 미국의 백인들을 위해) 귀족주의에 반대했다. 1789년 프랑스 혁명 당시 제퍼슨은 프랑스 주재 미국 장관으로 혁명을 지지했고,[28] 그의 깍지 낀 손의 이미지는 혁명의 핵심

가치 중 하나였던 형제애를 상징하게 되었다.[29]

악수는 다른 평등주의 투쟁에서도 역할을 했다. 여성 참정권 운동과 여성 해방 캠페인이 시작된 이후 더 오래되고, 더 성별화된 인사법이 인기를 잃고, 결국 멸종하고 있다. 역사적으로 영국과 미국에서는 악수가 남자들 사이의 인사로 더 많이 사용되었다.[30] 물론 여성들 사이의 인사는 역사에 잘 기록되지 않는다. 동등한 사회적 지위를 가진 여성과 남성은 다양한 방식 — 무릎 살짝 낮추기, 고개 숙이기, 손 등에 입맞춤, 모자챙 살짝 올리기 — 으로 서로 인사를 나눈다. 이러한 제스처에 대칭성은 거의 존재하지 않는다는 점에 주목해야 한다. 표면적으로 여성 참가자에 대한 복종처럼 보일 때조차 이러한 제스처는 남성과 여성의 근본적인 차이를 강조하기 위한 것이다.[31] 사실, 연약한 여성은 악수의 엄격함에 적합하지 않다는 것을 암묵적으로 이해하고 있었던 것 같다. 1870년 《하퍼스 위클리》Harper's Weekly는 '여성은 경의를 표하지 않고 상대방의 경의를 받으면 된다'며 여성들에게 힘찬 악수는 하지 말라고 경고했다. 역사의 흐름이 서서히 평등을 향하고 있고, 악수는 — 간단하고, 긍정적이며, 성 중립적이고 평등하며 — 분명한 수혜자였다.

이 섹션에서 유럽 및 영어권 역사를 주로 다뤘다. 악수의 역사가 서양의 역사라는 것을 뜻하는 것은 아니다. 실제로, 근대 초기 무슬림 세계에서 포옹과 악수는 아주 흔했으며, 머리를 조아리는 불경스러운 행동에 사람들은 눈살을 찌푸렸다. 하지만 악수가 평등의 상징으로 진화한 것은 서양의 이야기이다.

악수의 현대적 상징주의와 목적

오늘날 우리가 알고 있는 악수의 기원은 깊고 넓다. 예를 들어 '안녕'에서 '잘가'를 포함한 모든 것이 될 수 있는 제스처, 평화 조약의 체결, 조의 또는 존경을 표하는 방법, '이해해요'라고 말하는 방법, '키스하고 화해하자'의 안전한 업무용 버전 등이 있다. 이는 서로의 의도에 대해 무언가를 알려줄 뿐 아니라 우리의 상호작용을 구조화하고, 만남의 시작과 끝을 알리거나 누군가 완벽하게 전적으로 동의하는 말로 마무리 짓는 '사회적 괄호'[32]를 형성한다. 악수는 국제 외교에서 심오한 상징적 역할을 하고, 시민권 투쟁뿐 아니라 비즈니스 거래, 내기, 감사, 스포츠맨십도 망라한다. 그러나 악수가 가진 여러 의미와 용도는 보편적으로 긍정적이며, 악수는 언제나 공손함을 암시한다(그래서 아마도 도널드 트럼프Donald Trump나 나렌드라

모디Narendra Modi와 같은 사람들이 악수로 남자다움을 드러내려 시도하면, 아주 당혹스러운 결과를 맞이하게 된다). 악수는 1807년에 출판된 『수사적 제스처와 행동에 대한 실용 삽화』Practical Illustrations of Rhetorical Gesture and Action에 가장 잘 표현되었다. '이 제스처는 풍부한 의미를 담고 있다. 손은 따뜻한 마음의 혀이기 때문이다.'33

바로 이 점에서 누군가와의 악수 — 셰릴 앤 해밀턴Sheryl N. Hamilton이 '팬데믹 문화'의 핵심이라고 불렀다 — 를 거절하면 마음이 아픈 까닭을 부분적으로 알 수 있다. 해밀턴은 이렇게 말했다. '악수를 거절하면… 악수를 청한 사람은 이방인이 되고, 공동체의 위협으로 간주하는 것이며, 그와 접촉하면 감염될 수 있다. 악수는 정당성을 부여하고, 공동체에 대한 접근을 허용하는 것이다.' 그렇기 때문에 우리는 예를 들어 우리의 손이 더럽거나 차가울 때 왜 악수를 하고 싶지 않은지를 설명해야 할 의무감을 종종 느낀다.34 정말 오염될지 모른다고 할지라도, 악수하지 않으면 서로 관계를 맺는 능력은 어떤 식으로든 다소 약화된다 — 물론 상징적인 의미뿐 아니라 '터치하고 싶을 정도로 너를 좋아해'라고 말하는 기본적인 인간관계에서도 그렇다. 아마도 이것이 악수가 수천 년 동안 존재할 수 있었던 극도의 회복력에 대한 설명이 된다. 간단히 말해 악수는 우리에게 긍정적인 사회적 상호작용을 위한 너무나 유용한 상징이며 우리는 그런 악수를 영원히 아주 많이 하고 싶다. 포옹과 입맞춤을 제외하면 악수보다 더 영원한 것은 없다 — 순수하게 다용도의 관점으로 볼 때 악수는 포옹과 입맞춤을 능가한다. 오늘날 악수의 그런 다재다능한 면모는 스포츠, 비즈니스, 정치의 세 가지 전문 분야에서 결코 빠질 수 없는 절차적 중요성으로 가장 잘 드러난다.

스포츠

공손함의 상징인, 악수는 적대감을 끝내고 현실과 경기를 구분하는데 도움이 된다 — 이 두 가지는 스포츠에서 마땅히 고려해야 한다. 악수로 경기를 마무리짓는 것은 대부분의 스포츠 경기에서 거의 표준이다. 일부 학자들은 악수를 '마무리 의식'으로 삼기도 한다.[35] 경기와 갈등 사이에 분명히 유사점이 있기 때문에 악수가 필요하다. 종종 폭력이나 폭력의 환상이 생긴다. 호르몬이 뿜어져 나오고 어느 정도의 기술이 있어야 승자가 될 수 있다. 따라서 일상 — 상대방을 쓰러뜨리는 것은 눈살을 찌푸리는 짓이 된다 — 으로 돌아오기 위해, 공손함, 협력, 상호 존중의 제스처를 쓴다. 진짜 싸움이 아니라, 단지 스포츠이다. 그래서 악수하고, 다음을 기약한다. 기꺼이 하는 악수는 훌륭한 스포츠맨십을 보여주는 주요 상징 중 하나이다. 스포츠 경기의 규칙을 지키고, 상대방을 존중하겠다는 다짐이다.

비즈니스 악수

외교적 악수와 마찬가지로 비즈니스 악수는 나름의 장르를 가진 악수 유형 중 하나이다. 그런 맥락에서 비즈니스 악수는 첫 소개(악수는 첫인상에서 중요하다고 말하는 수많은 비즈니스 서적을 믿는다면)에서부터 거래 성사를 아우르는 몇 가지 기능을 한다.

'거래가 성사되었으니 악수하시죠'라고 말할 때, 우리는 악수와 거래 사이의 연관성의 깊이를 의미한다. 역사 속에서 악수에는 법적 지위 같은 무언가가 담겨 있었으며, 거래를 공식화하는 서류작업을 대신하거나 (아마도) 그런 작업의 사전 조치가 된다. 악수에 기대는 것은 자부심의 원동력이 될 수 있다. 트루먼 카포트Truman Capote, 마돈나Madonna, 리처드 닉슨Richard Nixon 등을 고객으로 둔 전설적인 배우 에이전트인 어빙 폴 '스위프티' 라자Irving Paul 'Swifty' Lazar는 이렇게 선언한 적 있다. '저는 고객과 계약서는 쓰지 않습니다. 그저 악수 한 번이면 충분합니다.' 또 하나의 예로, 폴란드를 들 수 있다. 폴란드의 일부 지역에서는 목동 대장이 일꾼을 채용해 거래가 성사되면 악수하는 것이 전통이다.[36] 신사 협정처럼, '제 말은 믿어도 됩니다'라고 말하는 것이다. 상대방에 대한 신의, 존경, 신뢰의 상징이다. 더 실용적인 측면에서, 글을 읽거나 쓸 줄 아는 사람이 드문 사회에서 악수로 하는 계약은 당연한 선택이었다. 누구나 읽고 쓸 줄 알게 된 것은 비교적 최근의 일이다.

말에 아주 강력한 신뢰가 담기지 않은 사람을 몇 번 만나본 나로서는 서류작업을 없애는 것을 추천하고 싶지는 않다. 하지만 흥미롭게도 악수로 맺는 신뢰 관계는 뭔가 수상스러운 일에 개입할 때 아주 유용하다. 이런 상황에서 악수는 약간 의심스런 무언가가 벌어지고 있다는 신호이기도 하다. 영국의 공유 농업인(남의 토지를 빌려 농사 짓고 이익은 주인과 나눠 갖는 농부-옮긴이)은 여전히 이런 악수 거래를 하는데 이는 특히 변호사, 세무사, 대리인의 관심을 피하기 위해서이다.[37] 악수의 모든 실용적 활용 중에서, 비즈니스 세계에서 악수가 특별한 위상을 갖게 된 것은 아마도 악수의 상징성 때문이다. 셰릴 앤 해밀턴Sheryl N. Hamilton은 이렇게 요약했다. '독감이 기승을 부릴 때에도… 악수는 성공적인 비즈니스 관계를 뒷받침하는 법적 수행성에 너무나 중요하기 때문에 생략할 수 없다.' '사업가의 (더러운) 손은 여전히 신뢰'해도 되는 것 같다.[38] 따라서 적어도 어떤 사람들에게 악수하지 않는 것은 자멸 행위이다.

정치인의 악수

악수만으로 충분할 것 같은 또 하나의 영역이 정치이다. 이것은 정치인들 간의 악수가 아니다. (5장과 6장에서 더 자세히 다룬다) 이는 선거 유세에서 시작한 소매 정치의 연장인 '소매 악수'이며, 모든 게 잘 된다면, 임기 중에도 계속된다. 이런 악수는 보통 사람과 실제 따뜻함과 친밀감(냉소적인 사람에게는 그런 환상)을 통해 인기를 올리고 유지하기 위한 특별한 것이다. 일부 정치인들은 악수를 솔직히 믿을 수 없는 수준까지 활용한다. 테디 루스벨트Teddy Roosevelt는 1907년 취임 첫 날 8,513번의 악수로 국가 원수 악수 분야에서 기네스 세계기록을 세웠다(섬뜩함에 바로 손을 씻어 다소 환상을 무너뜨리긴 했다).[39] 루스벨트는 분명히 최대한 효율적인 악수의 기술을 개발했다.

> 3천 번째, 그의 오른손은 '기~뻐~요!'라고 계속해서 외친다. 그의 전임자와 달리, 시어도어 루스벨트는 자신이 맥없이 흔들리는 것을

허용하지 않는다. 모든 손님의 손가락을 붙잡고 놀라운 힘으로 꽉 쥔다. '아주 확실하고 아주 견고한 악수'라고 한 신문은 경고한다. '그래서 오른손에 반지를 낀 여성이라면 무릎을 꿇게 될 수도 있다.' 손을 쥐고 나면 조심스럽지만 저항할 수 없게 옆으로 잡아당긴다. 루스벨트 대통령은 손을 놓으면서 손님이 빨리 자리를 비켜주길 바라기 때문이다. 하지만 이렇게 번개와 같은 접촉의 순간만으로도 그가 가진 매력을 온전히 전달할 수 있다.

『시어도어 루스벨트의 부상』The Rise of Theodore Roosevelt에서 에드먼드 모리스Edmund Morris는 이렇게 썼다.[40] 린든 비 존슨Lyndon B. Johnson은 악수를 너무 많이 해서 저녁이면 손이 붓고 멍이 들었다고 하니 루스벨트 대통령만 그런 게 아니었다.[41] 매킨리McKinley 대통령의 고통스럽게 들리는 매킨리 악수는 아주 효율적이어서 1분에 50명과 악수할 수 있었다고 한다(159페이지 참조).[42] 이 엄청난 숫자가 실제 가능한지(내 안의 냉소적인 과학자는 의심하고 있다), 소매 악수가 만든 연결의 순간은 정치인에게 너무나 중요해서 국가 정상들조차도 악수를 위해 자신들의 안전과 기꺼이 맞바꾸게 된다. 결국 매킨리 대통령은 악수를 청한 누군가에 의해 암살당했고, 악수에 혐오감을 가진 악명높은 세균 혐오증 환자인 도널드 트럼프Donald Trump조차

이렇게 시인했다. '악수 하지 않으면 정치인이 될 수 없다.'

최초의 외교 악수가 고대 메소포타미아의 돌에 기록된 이후 거의 3천 년이 지난 1958년에, 프랑스의 어떤 영사는 악수가 외교관인 자신의 커리어에 필수라는 것을 증명해 손에 입은 부상에 피해보상으로 6만 달러를 지급받았다.[43] 오늘날에도 정치인들은 정기적으로 트위터를 사용하고 모든 텔레비전 방송에 출연할 수 있지만 악수를 대신할 수는 없다는 사실을 잘 알고 있다. 결국 정치적 유세는 대중의 신뢰를 얻는 연습이며, 악수는 그런 관계를 만드는 하나의 방법이다. 결국 사람들은 정치인의 '맛'을 원하며, 정치인들과 맥주 한잔할 수 있을지 알고 싶어한다 — 악수는 그런 느낌에 가장 가깝게 다가갈 수 있는 방법이다. 악수는 생화학 차원에서 도움이 될 수 있지만, 악수의 주요 가치는 신뢰의 상징으로, 존경심과 최소한 상징적으로 동등한 존재로 일반 대중과의 만남이다. 생화학적 의무 때문에 악수를 시작하게 되었을지 모르지만, 악수를 고수한 것은 악수가 가진 상징적 힘 때문이다. 민주주의 국가에서 악수는 여전히 중요하다.

3

핑거 스냅과 페니스 셰이크: 악수, 인사 그리고 문화

코로나19 전염병이 영국과 미국에 처음 발병했던 2020년 2월, 많은 칼럼니스트가 악수에 이별을 고하며 기뻐하는 듯 했다. 인류학자인 나에게 흥미로운 일이었다 — 그들이 너무나 앵글로색슨 다웠기 때문이다. 프렌치 키스, 이탈리아식 포옹, 걸프 지역 아랍인의 코 문지르기 인사도 하는데, 단지 손으로 잠시 만지작거리는 악수를 그만한다는 것이 참담하다는 생각이 든다.

전 세계적으로 그리고 역사적으로 인사법은 너무나 다양하다. 어떤 인사는 바로 알아차릴 수 있고, 어떤 인사는 알고 있는 인사의 변형으로 이해할 수 있다. 젖 빨기처럼 생전 처음 보는 인사도 있다. 하지만 특정 문화와 특정 인사를 동일시하는 것은 지나친 일반화인 경우가 종종 있다. 개인이 모여 문화가 만들어지지만, 그렇다고 개인이 그 문화를 무조건 따르는 것은 아니다. 어떤 문화도 획일적이지 않다. 영국에서 악수하는 사람도 있고, 포옹하기도 하고, 입맞춤하는 이들도 있다. 그리고 어떤 식으로도 서로 몸이 닿는 것에 움찔하는 사람들도 있다. 영국 사람은 냉소적이고 건조한 유머를 좋아한다… 정말 그런가? 영국인 모두가 냉소적인 것을 좋아하는가? 유튜브의 댓글 섹션을 본 적 있는가? 영국에서 피시 앤 칩스fish and chips(생선살 튀김과 감자튀김으로 영국의 대표 음식-옮긴이)는 국민 음식이다… 정말 영국인 모두가 좋아할까? 한 지역 내에서 행동은 태도, 기분과 같이 정의하기에 더 어려운 것들 그리고 (문자를 보내는 어떤 사람들의 말을 믿는다면) 별자리뿐 아니라 종교 집단, 세대, 성별, 지역에 따라 다를 수 있다. 하지만 우리는 여전히 패턴, 트렌드, 클러스터를 볼 수 있다. 그리고 이러한 클러스터는 우리에게 무언가를 알려준다 ─ 예를 들어, 악수처럼 인기 경쟁에서 앞서는 것처럼 보이는 인사법이 있다.

하지만, 한 가지 정말 주의해야 할 점이 있다. 전 세계적으로 통용되는 인사 행위라는 주제에 대해 단정적으로 말하는 것은 아주 어렵다. 왜냐하면 인사의 다양성에 대한 동료 연구자들의 검토를 거쳤거나, 글로벌 또는 지역적 연구가 전무하기 때문이다. 어떤 까닭인지 인사라는 주제에 대한 대규모 인류학 및 민족지학 비교연구가 부족하다. 관련 데이터가 없어 보여서 사실 너무 뜻밖이다. 한 개인의 일시적 경험이나 애매모호한 보도를 바탕으로 한 소문 같은 작은 정보의 증폭 때문에 이런 문제는 더 악화된다. 외부 사람들이 한 문화를 들여다 보면, 오해가 생기기 쉽고, 번역 오류가 생기거나, 관광객을 위한 공연물이 되어 과장되고, 이국적인 것으로 또는 성적 쾌락을 위한 것으로 변질되기도 한다. 학자들은 늘 데이터, 확실한 데이터와 분석을 자세히 보라고 말한다. 하지만 관련 연구가 존재하지 않는다. 왜 프랑스인은 키스에 그리고 영국인은 악수에 만족하게 된 걸까? 연구 불모지에 온 것을 환영한다.

왜 다양성인가?

인사 의식의 다양성만 해도 거의 압도적이다. 그 중에서 오래된 선의의 악수 한 가지만 살펴보자. 여러분이 악수를 '손을 맞잡고,

흔들고, 놓기'라고 생각한다면, 단지 한 면만 보는 것이다. 악수는 끝없이 반복되며, 서양에서 가장 많이 사용하는 악수는 아마도 가장 재미없는 버전 — 악수의 아류 — 이다. 여러 다른 문화들은 손가락 스냅, 가슴에 손 얹기에서 코 비비기에 이르는 터치의 또 다른 요소를 악수에 추가했다. 예를 들어 가나Ghana의 악수에는 예멘의 소코트라Socotra 섬에서 하는 악수와 아주 다른 특징이 있다.

  이런 다양성은 어디서 유래하는 걸까? 많은 동물들이 문화적 다양성의 신호를 사용한다 — 예를 들어, 우리의 오랜 친구인 침팬지는 잘 가라는 인사법에서 무리끼리 서로 다른 것 같다[1] — 그러나 우리 인간 문화에서 볼 수 있을 만큼 놀라울 정도로 다양하지는 않다. 인간은 실제로 다른 종에 비해 유전적 다양성이 아주 낮기 때문에 이러한 차이가 유전적 다양성의 결과 때문은 아니라는 것을 알고 있다. 더 큰 뇌 용량, 우리가 무리와 공동체를 만드는 방법 그리고 우리의 적응력이 혼합되어 우리 인간이 여러 다양한 지리적, 생태적 틈새를 차지하게 된 것이라고 주장하는 이론에 개인적으로 끌린다. 산맥이나 바다와 같은 지리 경계로 다른 무리와 떨어져 지내면서, 우리의 의식은 다른 방식으로 변하기 시작했고, 시작은 비슷하지만 (아마도 오늘날 침팬지들이 하는 빨리 화해하자는 손가락 터치와 같은 유형) 완전히 다른 것으로 변하게 된다. '내부'

무리와 '외부' 무리를 구분하려는 방법으로 의도적인 차이가 생겼을 수도 있다 — 프리메이슨 악수와 같은 형태에서 여전히 볼 수 있는 소속감의 표현 또는 심지어 상징이다. 한 때 기독교의 초기 '자매 종교'로 여겨졌던 로마의 비밀 종교인 미트라교Mithraism는 악수가 포함된 입교식을 하며, 신도들을 신덱시오이syndexioi('악수로 연합됨')라 불렀다.² 유전적으로 유리하기 때문에 자신의 집단과 더 협력하기를 원하기 마련이다. 여러분이 속한 공동체를 도울수록, 여러분의 유전자가 성공할 가능성이 커진다. 그렇게 되기 위해, 점점 더 특별한 습관과 의식을 개발하고, 동시에 자신이 속한 집단과 유대감은 점점 깊어지고 다른 집단의 사람과 소통하기가 더 어려워진다. 그래서 문화는 저절로 생겨나고 다양해진다.³

역설적이지 않다면 인간은 아무것도 아니다. 우리가 이방인을 낙인찍고 특정 무리에 속하기를 좋아하며 편파적이지만, 우리는 돌아다니면서 다른 무리와 어울리는 것을 좋아하기도 한다. 이러한 문화적 혼합은 훨씬 더 많은 다양성을 창출한다. 오늘날 이민 공동체는 '조국'의 문화적 특성을 유지하면서, 새로운 나라의 문화적 특성 중 일부를 받아들여 자신들만의 혼합 문화를 창출한다. 내가 버밍엄에서 자랄 때, 샤미르 지방에서 온 예멘 공동체 사람들은 바키아bakya에 대해 얘기하곤 했다. 우리 부모님은 예멘의 서로 다른 지방 출신이어서, 샤미르 지방의 속어라 생각했지만, 예멘에 있는 친척들도 예멘인이 아닌 이웃들도 알아차리지 못했다. 알고 보니 바키아는 '뒷마당'의 아랍 버전이었다. 내가 만든(진한 쿠민 향이 나는) 셰퍼드 파이(으깬 감자 안에 다진 고기를 넣은 파이-옮긴이)를 먹어본 사람이라면 누구나 알 수 있듯이, 이민 공동체는 비슷하지만 분명히 다른 '딸 문화'를 가지고 있다. 어떤 면에서 우리가 이야기 하고 있는 것은 다름 아닌 자연선택이다 — 또는 문화적인 경우에 한정된 것이지만 진화에 해당한다.

멸종

물론, 문화적 진화의 부산물은 멸종이며, 따라서 악수가 장수하고 널리 퍼진 것은 특별해 보인다. 물론, 우리는 공통의 조상과 터치에 대한 생물학적 명령을 지목할 수 있지만, 호모 사피엔스 문화에서 악수가 왜 그렇게 두드러지게 나타나는 걸까? 악수로 대변되는 터치의 특정 요소가 그렇게 잘 통용되는 이유는 무엇인가? 인간은 너무나 사회적인 피조물이며, 사회적 무리가 점점 커지면서 잘 알지도 못하거나 관련도 없던 사람들을 포함하기 시작하면서 아마도 악수는 속기처럼 유용하다고 여겨졌다. 간단하고, 빠르며 본능적인 제스처이자 그 의미는 여러분의 계곡과 이웃 계곡 간의 문화적 차이를 초월했다. 또한 원래 문화적 다양성을 촉진했던 국경에 대해서도 생각해 볼 필요가 있다. 공동체의 경계에서 일어나는 기묘한 균형 잡기가 벌어진다. 자원의 가용성과 관련하여 어느 쪽이 더 유리한지에 따라 달라지는 갈등과 협력 사이에 균형이 필요하다. 이러한 상황을 해결하려면, 평화적 협력에 도움이 되는 범용적인 제스처가 필요하다. 일부 인류학자들은 이런 이유에서 손 흔들기가 유래했다는 가설을 주장한다.[4] 또 다른 요소는 아마도 무리가 더 커지고, 더 다양해지면서, 정교한 인사는 유지하기 더 어려워졌기 때문이다. 일부 멸종된 인사는 환상적으로 보이지만 힘들고 시간도 많이 걸린다. 런던과 뉴욕은 사람이 너무 많지만, 작은 마을에서는 사람들이 거리를 걷다가 지나가는 사람들에게 어떻게 인사를 건네는지를 생각해 보면, 더 정교한 인사법이 어떻게 사라졌을지를 상상하는 건 어렵지 않다. 지나가는 모든 사람과 인사하려고 걸음을 멈춰야 한다는 게 상상되는가? 솔직히 뉴욕에서 더 이상한 것도 본 적 있다.

안타깝지만 언어 소멸은 우리에게 익숙한 개념이다. 10만 개 남짓 되는 인간 언어 중에서, 겨우 약 6,000~7,000개 정도만 남아있다.[5] 우리의 제스처에도 비슷한 일이 벌어졌다. 우리는 엄청나게 다양한 종류의 인사법, 의식, 문화의 폐허 속에서 살고 있다. 연구기간 동안, 탐험가와 인류학자들이 남긴 역사 기록들을 살펴봤다. 때로는 환상적이고 항상 매력적인 넘쳐나는 인사법이 상세하게 기록되었는데, 그중 대부분은 그런 인사법을 사용하던 사람들의 후손이 가진 구전 역사 또는 먼지 쌓인 도서관 서고를 제외하면 볼 수 없다.

이러한 언어와 문화 소멸의 원인은 다른 무리를 제물로 삼아 한 무리가 얻은 기술적이고, 정치적인 발전이다 — 덕분에 이들은 커져가고, 더 많은 영향력을 행사하며, 결국 지배하게 된 것이다. 만 년 전에, 농업이 발명되었고 농부가 농업으로 얻은 이익은 아주 많았다. 혁명적 식량위기는 차치하고, 농업 덕분에 인간은 수렵-채집 생활방식으로 지탱할 수 있던 것보다 더 큰 무리가 형성되었고, 그래서 더 동질적인 모습이 나타났다. 농업 확장 이후보다 이전에 더 많은 언어와 악수를 포함한 다양한 인사 문화가 존재했던 게 분명하다. 식민주의와 그에 따른 세계화의 경우도 마찬가지이다. 서양의 기술적 진보 덕분에 유럽언어와 문화가 강요된 식민 영토가 전 세계에 탄생했고, 피식민지의 언어와 관습은 소멸하게 되었다. 때로는 이것이 점령국의 의도적인 전략이었지만, 강압이나 심지어 폭력이 없을 때도 새로운 힘을 가진 이들의 전통에 맞춰 사는 게 자신들에게 유리하다고 생각하고 그렇게 선택하는 이들도 있다. 그리고 오늘날 더 기이한 인사법 중 일부가 사라진 이유는 세계화 및 현대 여행으로 서로 교류하면서부터라고 확신한다.

악수는 제스처의 영어, 스페인어 또는 만다린 중국어이다. 전 세계에서 일반적으로 통용되는 가장 영향력 있는 국가들의 만국 공용어처럼 말이다. 이번 장(章)에서, 악수, 특히 서양에서 두드러지게 나타나는 악수 스타일은 터치의 다른 요소들보다 더 성공적이었다는 점을 증명했다. 세계화와 미국, 영국과 같이 악수를 많이 하는 국가의 정치적 우위는 예를 들어 페니스 흔들기와 같은 다른 터치 기반 인사들보다 악수가 우세했다는 점을 의미한다. (계속 읽어보라.)

생존자

박수, 손가락으로 딱 소리내기 그리고 다른 변종

서양에서 흔히 사용하는 악수 — 쥐고, 흔들고 놓는 정교한 안무 — 는 그 위에 훨씬 더 정교한 무언가를 만들 수 있는 비계이다. 라이베리아, 케냐 그리고 가나를 포함한 많은 아프리카 국가들과 지역에는 손가락 스냅이나 클릭으로 마무리 짓는 악수가 있다. 나이지리아에서는 엄지손가락만으로 꽉 쥐고 스냅하며 악수한다. 스냅 소리가 더 크면 클수록, 더 좋다. 완벽하게 터득하기는 쉽지 않다. 흉내 내보려고 했지만 결국 내가 한 스냅은 소리가 나지 않는다. 실수는 누구에게나 언제나 발생할 수 있다고 생각한다. 아프리카 밖에서, 1929년에 발표된 기사에 북극 군도의 뱅크스 섬Banks Island에서 흥미롭게도 비슷한 소리가 나는 인사법이 언급되었다. 오른손 가운데 손가락과 상대방의 오른손 가운데 손가락을 걸었다가 소리를 내며 잡아당겨 뺀다.[6] 마사이족은 악수보다 간단히 손바닥을 터치하는 인사를 포함해 여러 다양한 인사법을 갖고 있다. 악수하는 각도는 지역별로 차이가 있는데, 대각선 악수와 수직 악수는 아프리카 일부 지역에서 흔하며, 악수하는 강도와 시간은 지역에 따라 다를 수 있다. 악수의 변형 중에 퍼포먼스적인 요소가 담긴 경우가 많다. 그에 비해 엄숙한 영국식 악수는 태양의 서커스Cirque de Soleil 라기 보다 누군가의 핫 요가 수업 첫째 날처럼 보인다. 예를 들면, 나미비아에서는 웅크리고, 박수치고 난 다음에 악수한다. 이렇게 추가된 요소는 엄청나게 다양하다. 이디오피아의 일부 지역에서는 악수할 때 다정하게 어깨를 부딪히고,[7] 아프리카 다른 지역에서는 팔꿈치 안쪽에 손을 얹고, 그리스에서는 팔꿈치에 손을 얹거나 등을 가볍게 두드린다. 중동 전역과 터키

3 핑거 스냅과 페니스 셰이크:악수, 인사 그리고 문화

그리고 인도 아대륙의 무슬림 공동체에서는 악수할 때 심장에 손을 대기도 한다.

포옹

포옹은 닿는 몸의 면적을 생각할 때 가장 중요한 터치의 요소이자 기준 — 따라서 호르몬 분비가 됐든 또는 감각 수용체 활성화가 됐든 포옹으로 만들어지는 가치 — 이며 경쟁자가 없다. 포옹할 때 일반적으로 악수나 키스를 함께 하기도 하지만, 포옹만으로도 인사할 수 있다. 포옹은 공식적인 제스처로서 전 세계 여러 문화권에서 볼 수 있다 — 하지만 친숙함과 친밀감의 표현인 포옹은 우리 모두에게 공통이다. 인사법으로 포옹의 핵심은 지리적이거나 문화적인 것이 아니라 친숙함이다. 태어나자마자 우리 대부분은 누군가에게 안겼었다는 것을 생각해보면 포옹은 괜찮은 인사 방식이다. 우리는 엄마의 보살핌을 받고 자랐기 때문이다.

볼키스

프랑스어로 라 비즈La bise라고 하는 볼키스는 (영국에서) 프랑스를 그리고 스킨십을 가장 먼저 떠올리게 만든다.[8] 하지만 키스는 범세계적인 인사 의식의 하나로 여겨진다. 콜롬비아에서는 한 번의 키스가 일반적인 기준이며, 공공장소에서 감정 표현을 공개적으로 하지 않는 러시아인도 두, 세 번 키스하고 난 다음 포옹을 한다. 중동 전역에서 두 번에서 네 번 정도의 키스는 일반적이며, 아프가니스탄 일부 지역에서는 무려 여덟 번이나 키스하기도 한다. 나와 얘기를 나눴던 한 사람이 흥미로운 얘기를 해줬는데, 벨기에 사람들은 세 번 미만의 키스는 프랑스 부르주아 격식의 전형적인 것으로 간주하고, 이웃 프랑스인들보다 더 친근하게 보이려고 한다는 것이다.

어떤 문화는 키스를 좋아하고, 다른 문화는 그렇지 않은 이유는 알기 어렵다. 하지만 우리가 키스하는 이유는 무엇일까라는 질문에 답을 찾는 것이 훨씬 더 간단하다. 키스는 호머Homer에서 세인트 폴St. Paul에 이르기까지 고대 문헌에 광범위하게 언급된다.[9] 하지만 악수는 훨씬 더 오래되었을 거라 생각한다. 악수라는 생물학적 명령에 제시할 수 있는 많은 주장과 이론을 키스에도 적용할 수 있다. 결국 생물학적으로 키스는 인사에서 중요한 터치이며, 악수와 마찬가지로, 키스는 터치의 기본 요소이다. 입술은 우리 신체에서 특히 민감한 부분이며, 후각기관 바로 옆에 위치하고 있어, 입술이나 입술 주변에 우리의 입이 닿으면, 냄새 기반 정보를 쉽게 얻을 수 있다. 우리 조상들은 상대의 입 냄새가 어떤지 아는 것이 도움 된다고 생각했을 것이다. 짝짓기 상대를 선택할 때 또는 사냥 동반자를 선택할 때

충치가 적고, 치아가 더 많으며, 종기가 적고, 냄새가 적은 이를 선호했다. 당연한 선택이다.

물론 모든 키스가 얼굴과 얼굴을 맞대는 것은 아니다. 다르게 변형된 키스와 악수가 많다. 다른 형태의 인사 간의 경계는 생각보다 애매모호하다. 한 때는 익숙한 광경이었던 손 등에 하는 입맞춤은 오늘날 영국에서 보기 드물다 — 그래도 나는 가끔 경험해봤다. 『입맞춤 한 번 아니면 두 번?』One Kiss or Two?에서 외교관인 앤디 스콧Andy Scott은 오스트리아, 폴란드 그리고 헝가리에서는 아직도 남자들이 (언제나 여성의) 손 등에 입맞춤을 한다고 기록했다. 남녀 상관없이 중동에서도 널리 손 등에 입맞춤을 하는데 존경의 의미를 담고 있다 — 친척도 아닌 젊은 이성 사이에서는 하지 않는다. 나는 나이가 많은 친척 손 등에 입맞춤을 해봤고, 오랜만에 만나면 내 손등에 입맞춤을 해주는 경우도 있었다. 예멘의 경우 훨씬 더 정교한 방식에 따라 손을 붙잡은 다음 입에 가져다 대고 입맞춤하면 상대방도 똑같이 한다. 몇 번 이렇게 반복하다가, 나이가 어린 사람이 손을 이마로 들어 올리면서 끝내는 경우도 있다. 나는 이렇게 어색한 인사법을 익히느라 애를 먹었다. 사나Sana'a(예멘의 수도-옮긴이)가 아니라 버밍엄에서 자랐기 때문이었다.

아프리카의 콩고 같은 지역과 중동에서, 이마에 하는 키스는 존경의 상징으로 특히 나이 든 사람을 만났을 때 그렇게 하며, 방글라데시와 인도에서는 발에 키스한다. 중동의 일부에서도 나이가 훨씬 많은 친척이나 엄마가 인사를 나눌 때 상대방이 발에 입맞춤하는 것을 본 적 있다. 물론 발이 존경스러운 것은 아니다.(이라크 사람들이 사담 후세인 동상이나 기자 회견을 하는 미국 관리를 향해 신발을 집어 던지는 광경을 본 적 있을 것이다.) 이 문화권에서 누군가의 발에 키스하는 것은 최고의 존경과 복종을 의미한다.

코와 이마

키스처럼, 코 비비기nose rub는 여러 지역에서 발견되는 터치의 기본이며, 아마도 정보 수집의 또 다른 형태일 수 있다. 때로는 제스처 구조에서 아주 노골적으로 보이기도 한다. 가장 유명한 예로 마오리족의 홍이hongi를 들 수 있다. 이들은 창을 던지거나 무기를 들어 올린 다음, 코와 이마를 맞대고 심호흡을 한다. 이누이트Innuit의 '코 비비기' 인사는 정확하게 묘사하자면 피부에 코를 대고 숨을 들이 마시는 것이며, 피지Fiji에서는 원래 사람들이 코를 킁킁거리며 서로 냄새를 맡았다고 한다. 오만Oman에서는 코 비비기 인사와 더불어 연속적으로 시끄러운 키스 소리를 내기도 한다. 걸프 아랍 국가 사람들도 악수하면서 종종 코를 문지르고, 앞서 언급했듯이 예멘의 일부이지만 지리적으로 소말리아에 더 가까운 소코트라 Socotra 섬에서도 똑같은 인사법이 통용되지만, 두 나라 본토에서는 찾아볼 수 없다.

  이마에 이마를 맞대는 인사를 악수와 함께 하는 경우도 콩고민주공화국Democratic Republic of the Congo의 일부 지역에서 흔히 볼 수 있지만 항상 그렇지는 않다. 괌섬에서는 나이가 더 많은 상대의 이마에 오른손 손마디를 갖다 대는 것을 볼 수 있다. 그린란드Greenland와 태평양 섬인 투발루Tuvalu에서는 검지 손가락을 상대 이마에 세 번 누른다.

신체 접촉은 금물

신체 접촉을 하지 않는 인사법도 아주 많다. 악수를 포함해 그 어떤 신체적 접촉도 하지 않는 인사법이 존재한다. 일본의 경우, 다른 사람과 인사하는 것을 아이사츠라고 하는데, 존경의 상징으로 중요한 문화적 의미를 담고 있다. 어린이들은 일본의 로봇처럼 인사법을 배운다.[10] (항상 허리에서) 몸을 숙이는 인사는 가장 눈에 띄는 방식이다. 흥미롭게도, 터치를 피한다고 해서 악수하지 않는 것은

아니다: 전통적으로, 중국인들은 인사하면서 자신의 손을 흔들거나 꽉 쥔다.[11] 이런 터치 없는 인사법에도 여전히 손이 사용된다는 점은 손의 중요성과 상징성이 지속되는 것처럼 보여 흥미롭다. 오늘날 우리가 보는 것은 손을 이용한 터치 인사의 유물이다. 인도의 나마스떼Namaste 또는 태국의 와이wai를 생각해 보라, 둘 다 손을 모아서 살짝 고개를 숙여 인사한다.[12] 물론 전통적으로 손을 모으고 위를 향하는 것은 신과 연결을 상징하는 것이라고 하지만 의구심이 든다. 완전 다른 대륙의 앙골라Angola에서는 서로 터치하지 않고 손을 기반으로 한 인사를 하는데 기도하듯이 손끝은 하늘을 향하고 두 번 또는 세 번 빠르게 연속으로 박수를 친다. 같은 동작을 수업 시간에 손을 드는 것처럼 관심을 끌기 위해 사용할 수 있다. 일부 무슬림 문화에 악수없이 그냥 손을 가슴에 대는 전통이 있다. 여러분이 상대방과 약간 거리감이 있다면 꽤 편리한 인사법이다. 2020년 8월, 마크롱Macron 프랑스 대통령이 베이루트 항구 폭발참사 이후 레바논에 방문했을 때 이 방법으로 인사하는 것을 목격했다. 마크롱 대통령 팀은 신중하게 생각한 게 분명하다. 제스처로써 그 선택은 문화적으로도 그리고 코로나19를 고려해보더라도 적절했다.

    터치에 대한 관습이나 금기는 더 구체적으로, 같은 공동체의 구성원 간의 관계에 영향을 미치기도 한다. 이는 종교 또는 문화적 관습에서 자주 발견된다. 정통 유대인과 마찬가지로, 많은 무슬림들도 이성과의 신체 접촉을 꺼린다(또는 금한다). 즉 터치가 포함된 인사는 친척이 아닌 이성 간에 통용되지 않는다.(이에 대해 무슬림이 아닌 외부인들은 여자는 남자와 신체적 접촉이 허용되지 않는다고 잘못된 해석을 하기도 한다. 사실 이 관습은 남녀 모두에게 적용되지만, 예를 들어 가까운 혈족과 포옹하는 것을 금하지는 않는다.) 성별 분리적인 문화는 많은 문화권에서 찾아볼 수 있다. 나 역시 어떻게 오랫동안 남자의 손을 만져본 적이 없었는지를 앞에서 이미 설명했다. 내가 속한 공동체에서는 정말 그런 기회가 별로 없었다. 무슬림 예배는 남녀 따로 드리는 것이 일반적이었다. 모임을 항상 남녀 따로 하는 것은 아니었지만, 내 결혼식도 남녀를 분리해 진행했었다(지금은 이혼했으니, 신랑과 신부도 분리하는 게 맞다). 그리고 파티는 거의 언제나 남녀를 분리해서 열렸다. 모든 무슬림 공동체가 이런 식으로 하지는 않지만, 내가 어렸을 때, 우리 공동체에서는 그렇게 했다. 이런 관습이 많은 독자들에게 아주 낯설게 느껴질 수 있지만, 서양 문화에서 터치 관련 관습도 남녀 성별에 따라 나뉘는 경우가 흔하다. 스페인 남성은 전통적으로 여성에게 키스하지만 남성에게는 하지 않는다. 중년 영국 남성이나 남미 남자들은 서로 악수하지만, 여자에게는 포옹하거나 키스한다.

멸종된 인사법

전 세계의 인사법을 역사적으로 다루는 포괄적인 내용만 해도 여러 권의 책을 채우기에 충분하다. 그래서 여기서는 그 중 일부만 선택했다. 이럴 수 밖에 없어서 안타까울 따름이다. 왜냐면 멸종된 인사법은 머리부터 발끝까지 소변으로 샤워하는 세리머니부터 엉덩이를 드러내는 방식까지 정말 다양하기 때문이다.[13] 앞서 말했듯이, 인류가 유지해 온 광범위한 인사법은 한 때 우리 인류가 사용했던 인사법의 극히 일부에 불과하다. 이런 추세는 앞으로도 계속 될 것이다. 이 책에 언급한 특정 인사 관습을 확인하려고 전 세계 친구들과 동료들에게 연락했을 때, '네, 그런 인사가 분명 있긴 했는데, '오래된 전통이고, 이제는 거의 그렇게 인사하지 않아요.'라는 대답을 수도 없이 들었다. 지금은 사라진 인사법 중 일부는 사라지지 않았다면 그런 인사가 등장한 특정 시기와 장소에 대한 인류학적 통찰력을 주었을 것이다. 오늘날 여전히 사용하는 인사법의 전신인 다른 인사법은 비교적 친숙해 보일 수도 있다. 여기서 기념하고 싶은 것은 독특하고 감히 말하건대 환상적인 인사법이다.

젖 빨기

이레내우스 아이블 아이베스펠트Irenäus Eibl-Eibesfeldt가 쓴 『사랑과 증오』Love and Hate에 서뉴기니Western New Guinea의 파푸아에 있는 한 마을뿐 아니라 극지방의 일부 마을에서 한 때 발견된 적 있는 인사법이 소개되었다. 상대방은 인사법으로 추장 부인의 젖가슴을 짧게 '환영의 빨기'를 한다. 이 인사에 대해 더 할 말은 없다. 지구상에서 가장 문화적으로 다양한 곳 중 하나인 뉴기니New Guinea에는 고립되고 독특한 부족이 많으며, 지구상에서 가장 큰 언어적 다양성을 보인다.

성기 흔들기

이레내우스 아이블 아이베스펠트Irenäus Eibl-Eibesfeldt는 파푸아 부족의 인사법인 성기 끝 부분 터치를 설명했다. 그러나 호주의 인류학자인 엠. 제이. 메깃M. J. Meggitt은 사실 성기 흔들기라고 설명한다. 이것은 호주 왈비리Walbiri 부족의 인사법으로 큰 의식의 일부이다. 메깃은 다음과 같이 기록했다:

> 다른 공동체나 부족 남자들이 의식을 위해 도착하면, 일반적으로 주최 측 남자들과 함께 성기 인사를 한다. 각 방문객은 앉아있는 주최 측 사람들 한 명 한 명에게 교대로 다가가 상대의 손을 들어 올린다.

그리고 자기 성기를 상대의 손에 눌러, 절개된 요도가 손바닥에 완전히 닿게 된다. 그런 다음 손을 따라 성기를 꾹 누른 채 빼낸다.[14]

다른 사람의 성기를 거절하면 자신의 성기를 보여준 사람은 싸우거나 도망가야 한다는 것을 의미한다. 이런 상황을 피하려면, 성기 인사를 거절당한 사람은 자신의 성기를 흔들어 주기를 바라는 마음으로 다른 주최 측 사람들에게 자신의 성기를 보여줘야 한다. 그들이 그렇게 해주면, 제대로 그 사람을 보증해 주는 것이고, 대개 논쟁에서 이겼으니 싸움은 할 필요가 없다는 것을 의미한다. 반면에, 다른 사람의 성기를 받아들이면, 만일 그 사람이 가진 논거의 정당함을 입증할 수 없더라도, 그를 위해 싸울 준비가 되었다는 것을 선언하는 셈이다. '성기 흔들기'는 더 이상 존재하지 않지만, 내가 이 인사법에 대해 읽고 있을 당시 좌파 경제학자와 데이트 중이었다. 그는 혼란해스러워하며 내가 하는 얘기가 벌링던 클럽Bullingdon Club(옥스퍼드 대학의 비인가 클럽으로 상류층만 가입이 가능하며 폐쇄적이고, 인종차별적이며, 매춘 여성을 불러 신고식을 하는 망나니 클럽-옮긴이) 아니냐고 물었다.

턱수염 만지기

1929년의 한 논문의 저자는 사할린 섬Island of Saghalien에 사는 부족인 아이누스Ainus와 남부 쿠릴Kuriles 사람들은 손바닥을 맞대고 비비며 턱수염을 만지는 관습이 있다고 소개했다.[15] 아이누스는 일본 원주민으로 이 곳 남자들은 전통적으로 턱수염을 가득 기르는데, 특정 나이 이후에는 전혀 수염을 깎지 않는다. 이러한 인사법이 너무나 사랑스럽다. 이 인사법을 보면 어린 시절의 놀이터에서 하던 게임이 생각난다. 한 손으로 배를 문지르면서 다른 손으로는 머리를 두드리는 묘기를 보여주던 그 게임말이다. 인사 방법이 마치 무슨 능력 테스트 하는 것 같다. 어린 시절에 마치 깊은 사색에 빠진 현자인 양 긴 턱수염을 반복해서 쓰다듬는 시늉을 안 해본 사람이 있을까?

가슴 두드리기

찰스 다윈Charles Darwin은 비글호The Beagle를 타고 항해할 때 남미의 최남단에 위치한 티에라 델 푸에고Tierra del Fuego에서 목격한 인사법을 설명했다. 소리를 내며 상대방의 가슴을 세 번 강하게 친 다음 자신의 가슴을 드러내는 인사법이다.

> 우리는 좋은 친구가 되었다 — 노인이 우리 가슴을 두드리면서 닭 모이 줄 때 사람들이 내는 소리와 같은 소리를 내는 것을 보고 알 수 있었다 — 노인과 함께 걸었고 이런 모습은 우리들 사이에서 몇

번 반복되었다. 그리고 가슴과 등을 강하게 세 번 치면서 너무나 신기한 소리를 냈다. — 그런 다음 똑같이 하라며 내게 자신의 가슴을 드러냈다. 내가 그렇게 하는 동안 몹시 좋아하는 것 같았다.[16]

다윈이나 쿡 선장도 자신들이 만난 사람들의 언어에 대해 특별히 칭찬하지는 않았다. 그래서 그들이 내는 소리가 소음인지 혹은 실제 사용하는 단어였는지는 도무지 알 수 없다.

다윈은 놀란 것 같지만, 유럽과 북미에서는 팔뚝이나 등을 가볍게 치는 것이 악수의 일부이며, 가슴을 치는 것은 포옹의 더 공격적인 사촌인 '브로'bro 가슴 치기chest bump(반가움의 표시로 서로 가슴을 가볍게 부딪히기-옮긴이)를 연상하게 한다.

쿡 선장, 누드와 상어 이빨

꽤 흥미로운 얘기지만, 주의가 필요하다. 남태평양을 항해하던, 쿡 선장Captain Cook은 오늘날에는 멸종했거나 대체로 다른 문화에 동화된 다양한 문화를 접하고 이에 대해 기록을 남겼다. 타히티에 대한 두 가지 기록이 있는데, 하나는 울면서, 상어 이빨로 몸을 자르는 형식의 인사법이고, 다른 하나에서는 '타히티 여성이 몸을 드러내는데… 허리 아래는 알몸 상태이다.'[17] 그녀가 쿡 선장을 유혹하고 있는 건 아닌지 정말 궁금했지만, 많은 과학자들처럼 쿡 선장도 전혀 몰랐다. 특이한 인사법(그리고 인사법에 대한 전반적인 문화)을 기록했던 사람들처럼 쿡 선장은 이방인이었다. 더군다나 그는 그저 지나가는 길이었고, 각 문화에서 보낸 시간은 아주 짧았다. 쿡 선장이 남긴 글은 무슨 일이 벌어지고 있는지 확신할 수 없는 경우가 흔했고, 번역 과정에서 많은 부분이 손실되었기 때문에 원주민 인사법들의 실체가 무엇인지 아는 것은 불가능하다.

인사법 주제를 이어가 보자. 이 책의 앞부분에서 소개했던 센티넬 Sentinelese 부족 얘기로 돌아간다. 1993년, 《인디펜던트》Independent에 센티넬 부족의 전통적인 인사법에 대한 기사가 실렸다. 친구의 무릎에 앉아 자신의 오른쪽 엉덩이를 힘차게 때리는 방식의 인사이다.[18] 인류학자들이 센티넬 부족의 언어를 할 줄 모를 뿐 아니라, 이들은 문자 그대로 인류학자들과 거의 접촉한 적도 없다 — 그래서 이들을 미접촉 부족이라 부른다! 그렇다면 이들의 인사법에 대한 묘사를 얼마나 확신할 수 있을까? 인류학자들이 관찰한 것이 실제로는 단지 장난이었을지 모른다. 또는 다른 부족에 대한 설명을 센티넬 부족 이야기로 잘못 짚었을 가능성도 있다. 아니면 소문일 수 도 있다.

문화 간 어색함… 그리고 승자

이 모든 문화적 다양성으로 인해 어색한 순간이 생길 수 있다. 2012년 버락 오바마Barack Obama(당시 미국 대통령-옮긴이)는 아웅산수지(미얀마의 민주화 운동가이자 정치인-옮긴이)의 뺨에 키스를 해 작은 외교적 파장을 일으켰다. 미얀마에서는 공개적인 애정 표현을 금기시 하는데 이를 깬 것이다. 미얀마의 경영학 교수인 뛔 뛔 테이나Htwe Htwe Theina박사는 《가디언》Guardian 신문 기고에서 오바마 미국대통령의 금기 파괴로 인한 파장은 완전히 부정적이라기보다 복잡하다고 표현했다.

> 수줍음(문화적으로 부적절한 인사), 감탄(18세에서 80세의 모든 여성은 오바마의 키스한 것이 자신의 뺨이었기를 바랬다), 뻔뻔스러움([그녀의 사촌은] '키스'에 대한 토론을 근처에 앉아 있던 남편이 못 듣게 해야 했다), 놀라움(이런 일은 미얀마 문화에서 보통 일이 아니다) 그리고 걱정(친밀한 인사에 대해 미얀마 언론이 비판적일 수 있다)[19]

마찬가지로, 일부 영국인들은 미셸 오바마의 여왕 포옹으로 발생한 의전 위반에 약간 분노했다.(개인적으로, 아주 사랑스러운 장면이었다.) 미국인들은 영국식 규칙을 따르고 싶지 않아서 영국산 차 상자들을 모두 어떤 항구에 버렸었다.

고위급 외교무대를 넘어 일상에서도 문화적 차이로 인해 우리가 만나게 되는 어려움의 예는 많다. 오바마-아웅산수지의 만남은 수많은 악수로 시작했고 그런 악수는 전혀 문제가 되지 않았다. 아마도 악수가 국제적으로 살아남은 이유가 이번 장에서 살펴 본 키스와 같은 다른 신체 접촉 인사와 비교했을 때 상대적으로 적절하기 때문일 것이다. 미국, 사우디아라비아, 일본 사업가들의 악수에 대한 반응을 살펴 본 한 연구에서 기본적인 악수에서도 '악수의 강도, 시간, 유형에 대해' 서로 생각이 다르다는 점이 확인되었다.[20] 이 연구는 결론에서 회사가 전반적인 사원 교육 프로그램에 악수 코칭을 포함할 것을 권고했는데, 악수에 대해 책을 쓴 나에게도 고통스러울 정도로 지루하게 들린다.

문화 충돌에서 진정한 통찰력을 얻기도 한다. 상충되는 인사전통이 있다면 어떤 것을 선택하는가? 내 인생 자체가 문화적 차이, 규칙과 금기를 극복하는 것이 얼마나 혼란스러운지를 여실히 보여준다. 내 삶이 인류학적 경향으로 축소되는 것을 보는 것은 이상하지만(그렇게 하는 것이 문제 될 건 없다 — 나도 다른 사람들에게 그렇게 한다), 이민자의 자녀인 나 같은 사람이 결국 주류 문화의 인사 방식에 굴복하게 될 것이라는 사실이 정말 그렇게 놀라운 일일까? 물론, 우리 중에서도 문화적으로 민감하게 반응하는 이들이 많다. 무슬림 세계의 일부에서, 상대방이 어느 정도로 보수주의를 고수하는지 확신할 수 없는 경우, 비접촉 인사만으로 시작하고, 상대방이 리드하게 해서 그들이 하는 대로 따라 한다. 외교관, 서양 및 지역의 NGO 직원, 그리고 언론인들도 이와 비슷하게 행동하는 것을 자주 본다. 분명히, 이런 특정 상황에서, 만나는 사람들과 관계를 만들어가려는 강력한 동기가 생긴다. 어쨌든 우리는 소수이니, 현지 관습에 어느 정도 따르게 된다.

하지만, 많은 이들에게 현지인들과 관계 구축에 실패하는 것이 문화 간 차이와 오해에 관한 것이 아니라, 누가 승리하고 누구의 문화가 결국 주도권을 갖는지에 대한 문제가 된다. 탄자니아 사람들과 탄자니아의 중국 이주민 간의 상호작용에 대한 연구에서 각 그룹이 서로 인사를 거부하는 것은 중국과 아프리카 사이의 '글로벌 물질적 불평등'에서 기인한다고 결론지었다. 양측은 그런 인사를 통해 만들어진 관계를 교묘한 목적으로 이용할지 모른다고 의심했다.[21] 힘이 약한 문화는 힘이 센 문화에 굴복하는 것이 일반적이다. 때로는 여기서 더 나아가 인사법의 '정규화'라는 법적, 정치적 압력이 작용하기도 한다. 예를 들어, 2016년 알제리 여성이 프랑스

시민권을 거절당했는데 시민권 관련 행사에서 두 명의 남성 직원과 악수를 거부했기 때문이었다. 프랑스의 헌법재판소The Conseil d'État는 '상징적인 장소와 순간에 [그녀의 행동은] 동화(同化)의 부족을 보여주었다고 밝히며, 시민권 거부를 확인했다.'[22]

이는 명백히 강요에 의한 문화적 동화이며, 슬프지만 언제나 이런 일은 너무나 비일비재했다. 역사적으로 그리고 오늘날에도 기독교 선교 활동에는 종종 선천적으로 '기독교적'이지 않은 것으로 여겨지는 전통 — 사실상 선천적으로 서양적이지 않은 전통 — 은 버리도록 지역 사회를 압박하는 일이 흔하다.(선교활동은 비록 가장 유명한 사례 중 일부는 기독교에서 유래한 게 분명하지만, 그렇다고 선교활동 전부가 기독교적인 것은 아니다. 무슬림 선교사들은, 종교 텍스트의 해석에 따라 인사할 때 이성을 터치하거나, 복종으로 비칠 수 있으므로 다른 사람의 발에 입맞춤하지 말라고 설득할 것이다.) 인류학자인 모니카 씨 라브리올라Monica. C. LaBriola는 이에 대한 전형적인 사례로 영국이 마샬 군도 사람들과 처음 만났을 때를 설명한다. 선교사들은 '현지인들의 관습도 변화해야 완전한 영적 회심이 일어날 것이라 믿었고' 그들의 전통 관습, 노동, 복장을 바꾸기 시작했다. '문신 의식, 춤, 음식 준비 그리고 전통 의술 행위 같은 중요한 관습이 금지되었다. 심지어 메젠마mejenma — 마샬 군도

사람들이 코를 터치하며 포옹하는 인사 — 는 친밀함이 떨어지는 악수로 대체되었다.'[23]

　물론, 단지 식민주의, 선교사 그리고/또는 힘에 의해서 인사법이 바뀌는 것은 아니다. 세계화의 경우도 마찬가지이다. 마사이 부족이 서양문화와 관광객과 접촉을 시작하고 수 년이 지난 뒤, 마사이의 젊은 세대들은 오늘날 '간단한 악수, 주먹 흔들기 또는 주먹 맞대기로 인사한다. 윗사람 앞에서 존경의 의미로 머리를 숙이고 긴 대화를 나눴던 과거와 달리, 요즘은 아주 간단하게 인사한다. 젊은이들은 연장자와 인사할 때 한 번도 들어본 적 없는 시카무shikamoo 그리고 파파 수파이papa supai와 같은 용어를 사용한다.'[24]

　이러한 만남과 문화충돌 속에서, 악수 — 서양 문화에서 흔히 볼 수 있는 형식 — 가 승자가 되었고 그 인기는 계속되고 있다. 악수의 기원이 우리의 유전자 속에 깊이 뿌리박혀 있는지 모르지만, 우리가 하는 악수 유형은 종(種)으로서 인간의 최근 역사에 확립된 힘과 지배의 유형을 보여준다. 악수의 전통이 없는 남아시아와 동아시아 문화에서 조차, 악수는 오늘날 흔히 사용된다. 앞 장(章)에서 나는 이들 지역에서 악수하지 않는 것은 역사적 전염병 창궐에 대한 반응이라고 가설을 주장했다. 아마도 수 세기에 걸쳐 악수가 제자리를 찾아가고 있다고 볼 수 있으며, 이는 역사 속에서 반복적으로 나타나는 현상이다. 하지만 분명히 악수는 서양과 영어권 국가의 영향에 대한 반응이기도 하며, 계속되고 있다. 악수 그리고 서양에서 흔히 볼 수 있는 방식의 악수는 항상 존재해 왔지만, 악수가 주류가 된 것은 생물학이 아니라 힘과 지배의 증거이다. 악수가 평등주의 느낌을 주지만, 영국의 화이트홀Whitehall이나 워싱턴 DC에서 라이베리아 사람들이 손가락 튕기는 모습을 볼 때까지는 악수에 흔히 제국주의와 정복에 대한 이야기가 담겨있다는 점을 잊지 말아야 한다.

4

악수의 단계별 가이드

한 조사에 따르면 영국인 중 70%가 악수 방법에 대해 확신하지 못한다고 한다. 악수하려는 인간의 욕구가 얼마나 자연스러운지 — 그런 욕구는 우리 안에 내재되어 있다 — 를 생각해보면 놀라운 수치가 아닐 수 없다.[1] 아마도 영국인의 일반적인 사회적 어색함 또는 제대로 하기의 결정적 중요성을 강조하는 에티켓 전문가와 비즈니스 안내서의 메시지 탓이라 생각한다.

악수를 통해 상대방에 대해 많은 것을 알 수 있다는 것은 진부한 말이지만, 악수 방법을 완벽하게 마스터하는 것은 일부 영역의 강박관념처럼 보인다. 존 F. 케네디John F. Kennedy는 세계 정상들과 인사하는 방법에 대한 연구를 의뢰했었다. 2010년에 쉐보레Chevrolet 자동차 회사는 맨체스터 대학교 심리학과의 제프리 비티Geoffrey Beattie 교수에게 완벽한 악수를 정의해달라는 의뢰를 하기도 했다.[2] 비티 교수는 수학 공식 하나를 내놓았는데 이목을 집중시키려는 홍보용 술책이 틀림없다고 생각할 정도로 어마어마한 공식이었다. 눈맞춤과 손의 온도를 포함해 12가지 타당한 변수를 동시에 고려했다. 다음은 그가 만든 공식이다:

$$PH = \sqrt{(e2 + ve2)(d2) + (cg + dr)2 + \pi\{(42)(42)\}2 + (vi + t + te)2 + \{(42)(42)\}2}$$

(e) 눈맞춤(1=없음; 5=직접) 5;

(ve) 말로 하는 인사 (1=완전히 부적절한; 5=완전히 적절한) 5;

(d) 뒤센Duschenne의 미소 – 눈과 입에 미소, 얼굴 양쪽에 대칭, 오프셋이 느림 (1=전혀 뒤센 미소가 아님(가짜 미소); 5=완전한 뒤센 미소) 5;

(cg) 그립의 완벽함 (1=아주 불완벽; 5=완벽) 5;

(dr) 손의 건조함 (1=축축한; 5=마른) 4;

(s) 악수의 강도 (1=약한, 5=강한) 3;

(p) 손의 위치 (1=자기 몸 방향; 5=상대방 몸 방향) 3;

(vi) 활력 (1=너무 없는/너무 많은 ; 5=적당한) 3;

(t) 손의 온도 (1=너무 차가운/너무 따뜻한; 5=적당한) 3;

(te) 손의 느낌(5=적당한; 1=너무 거친/너무 부드러운) 3;

(c) 조절 (1=낮은; 5=높은) 3;

(du) 악수 시간 (1=짧은; 5=긴) 3;

쉐보레Chevrolet는 연수 자료에 비티 공식의 '간단 버전'을 포함시킨 것으로 보이며, 2007년 미국의 예일 대학교Yale University는 대학원생에게 '올바른 악수방법'에 대한 강의를 제공한다는 보도가 나오기도 했다.[3] 아마도 이러한 조치는 특히 전문적인 환경에서 '좋은' 악수가 필수적이라는 잘 정립된 개념을 바탕으로 한 것이었다. 캐나다 사이먼 프레이저 대학교Simon Fraser University의 학생 지도교수의 말처럼, 악수는 여전히 '비즈니스 및 고용 환경에서 강력한 인상을 남길 수 있는 가장 좋은 방법이다.'[4] 정말 그런가? 강력한 인상을 남길 수 있는 방법이 미소도 아니고, 지적인 대화도 아니고, 따뜻하게 감정을 파악할 수 있는 능력도 아닌… 모르겠지만, 적절한 자격 요건과 인상적인 이력서도 아니란 말인가?

물론 나는 악수의 옹호자이다. 하지만 악수에는 '올바른 기술'이 어울려 보이지 않는다 — 어쨌든 종종 간신히 숨겨진 힘으로 번역되는 것 같다. 그렇긴 하지만, 나는 이제 악수에 대한 단계별 안내를 통해 비즈니스와 에티켓 전문가라는 위대한 대열에 합류할 것이다. 그러나 눈치챘겠지만, 내가 하려는 안내는 비전통적이고 더 급진적인 인류학자의 관점이 될 것이다. 이 시점에서 주의사항 하나를 추가해야 할 것 같다. 이 가이드를 작성할 수 있는 유일한 자격은 내가 인간이라는 점이다. 이제 델리아 스미스Delia Smith(영국의 유명 요리사이자, 텔레비전 요리 방송 진행자-옮긴이)의 '달걀 삶는 법'을 소개한다.

무대 준비

악수는 시합이 아니다

여러분은 어떻게 악수하는가? 도널드 트럼프는 어떻게 할지 생각해보라. 그의 악수를 상상하고 있는가? 그럼, 이제 반대로 생각해보라. 솔직히 이번 장은 여기서 끝낼 수도 있다. 악수는 예의, 대칭성, 평등주의, 따뜻함이며, 만일 상대방을 제압하는 시합이라고 생각한다면, 악수라는 제스처에 대해 근본적으로 오해하고 있는 것이다.

　악수에 대한 비즈니스 및 에티켓 문헌의 문제(중 하나)이다. 즉, 악수를 다른 사람을 희생해 자신을 주장하는 방법으로 여긴다는 것이다. 『비즈니스 에티켓: 우위 확보하기』Business Etiquette: Gaining That Extra Edge가 설명한대로, '악수방법을 잘 아는 것은 우위를 점하고자 하는 사람들에게 필수이다.'[5] 마찬가지로, 에티켓 코치의 의도는 사람들이 막을 수 있는 더듬거림과 당혹감을 유발하는 사회적 불안 심리 같은 것을 떨쳐내도록 돕는 게 아니라 엘리트와 무지한 대중을 구분하는 정해진 악수 방법을 강화하는 것으로 보인다. 이렇게 되면 코치들은 사람들에게 도움을 주는 것이 아니라 사람들을 구분 짓는 것이다. 고고학자인 나는 아주 오래된 것을 좋아한다 — 그렇지만 우위를 점하기 위한 악수 방식은 구식이고 그런 생각은 바꿔야 한다. 악수는 배타적인 것이 아니기 때문에 엘리트 주의를 설파하는 에티켓 코치들은 악수의 문지기가 될 수 없다.

　가장 먼저 기억해야 할 것은 악수는 힘이나 지위에 관한 것이 아니며, 악수를 그렇게 대하는 것은 악수의 본질을 부정하는 것이다. 일부 '멋진 숙녀들'은 자신들보다 아래로 보이는 사람들과 악수할 때 손가락 두 개만 사용한다는 기사들이 1863년 영국에서 보도되었다.

… 그들은 자신의 중요성을 드러내고, 이런 의심스러운 영광을 허락받는 상대방에게 그들과 자신들을 구분 짓는 적절한 거리감을 주기 위해 악수를 한다. 악수에 수반되는 다정한 미소를 보면 분명한 것이 있다. 그런 부류의 사람들이 상대방에게 보인 우월감의 표시가 당연히 기쁘고 자랑스럽다고 진지하게 생각한다는 점이다.

당연히 이런 대접을 받는 상대방이 '열등감 암시'를 고마워하지 않았으며, 일부는 심지어 경멸적으로 대응했다. 그런 '멋진 숙녀'는 되지 맙시다.[6]

어디 아프세요?

두말할 필요 없이 코로나19가 잠잠해질 때까지 장갑은 벗지 않는게 좋다. 그리고 코를 심하게 훌쩍거리는 경우라면, 악수는 아예 안 하는 게 가장 예의 있는 방법이다(에필로그에서 차선책을 소개한다). 커리어 코치인 비 패치터B. Pachter는 '회의나 행사에 가기 전에 질병의 증상을 억제할 수 있도록 약을 복용하고' 악수하기 전에 조심히 손 세정제를 사용할 것을 권유한다. 패치터는 심지어 누군가 손에 재채기하고는 그 손으로 악수를 청했을 때, 현명한 비즈니스맨이라면 악수하고 바로 화장실에서 손을 씻으면 된다고 설명한다.[7] 말도 안되는 소리!

여러분도 상대방도 준비가 되었는가?

상대방도 악수를 원하는가? 제스처와 보디 랭귀지로써, 악수는 대칭과 호혜에 관한 것이기 때문에, 문화적, 사회적 감수성도 아우를 수 있도록 넓게 생각해보자. 상대방이 악수를 원하지 않는다고 생각되면, 잠시 멈추고 상대방이 리드하게 하고, 그들이 하는 대로 따라 해라.

첫인상은 정말 중요하다. 하지만 첫인상은 악수의 각도가 아니라 정중하고, 친절하며, 따뜻한 마음으로 만들어진다. 더 진도를 나가려면, 두 사람 모두 미소 지으며 말로 인사를 해라. 가능하면 일어서고, (발을 포함해) 마치 온 몸으로 대하는 것처럼 상대를 바라보도록 해라. 악수는 다른 사람과 관계를 만들 수 있는 기회이며, 가능하다면 잠시 눈을 맞추고 관심있다는 느낌을 상대에게 전하면 된다. 깨끗하지 않은 손은 내밀지 말고 따뜻한 손을 내미는 것이 이상적이다. 만일 손이 축축하다면, 옷이나 테이블보 아니면 근처의 커튼에 조심스럽게 닦아라. 시간이 있다면, 장갑은 벗어라.

실행

올바른 악수

(여러분과 상대방이 가능하다면) 오른손을 사용해라. 왼손 사용은 거의 보편적으로 금기시되는 것 같다(아니면 최소한, 별로 선호하지 않는다). 스카우트의 경우처럼 왼손 악수는 예외이다.[8] 오른손에 연상되는 긍정적 상징주의와 반대로 왼손에 연상되는 부정적 상징주의는 우리 역사에 아주 깊게 뿌리박혀 있다. 이슬람 전통에서, 오른손은 정결하며, 왼손은 부정한 것이다. 이슬람 종교 공동체에서, 왼손은 화장실에서, 오른손은 식사에 사용한다. 이는 비누가 없고, 때로는 물조차 없던 곳에서 비롯된 것이어서 나쁜 제도는 아니었다. 물론 오늘날에도 여전히 왼손으로 포크를 사용할 수 없다는 의미이긴 하다 — 본질적으로 나는 왼손으로 할 줄 아는 게 없다. 오른쪽과 정결의 비유는 이슬람 문화권뿐 아니라 여러 많은 문화권에서도 볼 수 있는 좌-우 도덕적 구분으로 확장된다. 기독교에서 예수님은 하나님의 우편에 앉아있으며, 발리 사람들도 선한 것은 오른쪽, 악한 것은 왼쪽과 연관 짓는다.[9] 인류학자인 에셀 제이 알펜펠스Ethel J. Alpenfels는 남자는 오른쪽으로 여자는 왼쪽으로 단추를 채우는 관습이

이런 연관성을 떠올리게 하는 것이라고 추측했다.(숙녀 여러분, 여성 혐오 덕분에, 코트조차 여러분을 판단한다.)

   왼쪽보다 오른쪽을 선호하는 이유는 무엇일까? 분명하지는 않지만, 인류학적으로 왼손이 상대적으로 드문 것은 아마도 우연이 아닐 것이다. 전 세계적으로 약 10%의 사람만이 왼손잡이이며, 우리 인간만 그런 게 아니다 — 네안데르탈인들도 대체로 오른손잡이였다. 우리가 보듯이 오른쪽이 '정상'이며 그래서 좋은 것이다. 따라서 악수에 참여하는 너무나 중요한 역할을 오른손이 한다는 점은 놀라운 일이 아니다. 진지한 학자이자 연구자로서 나는 왼손잡이에 대한 편견은 말도 안된다고 일축하고 싶다… 하지만 갑자기 내가 전에 사귀었던 남자 친구들이 대부분 왼손잡이였다는 사실이 떠올랐다. 아마도 여기에 무언가가 있는 것 같다. 아무튼, 마땅한 이유가 없다면, 오른손을 사용해라.

움켜쥐기

움켜쥐기는 악수 에티켓에서 여러모로 가장 논란이 되는 부분이다. 비즈니스 안내서에는 종종 상대방에게 인상을 남기려면 '힘찬 악수'를 해야 한다고 강조하고 있다 — 놀랍긴 하지만 — 이 이론에 타당한 근거가 있는 것 같다. 악력은 전반적인 건강 상태와 장수의 지표로 의학 연구에서 상당히 유행하고 있다. 란셋Lancet에 실린 한 연구에 따르면 '악력으로 측정한 근력 감소는 사망률 증가와 관련 있다고 한다'(따라서, 거래를 성사시키지 못하는 것보다 훨씬 더 안 좋다).[10] (뉴기니의) 얄리Yali와 (탄자니아의) 하드자Hadza라는 토착 원주민 두 그룹을 대상으로 한 연구는 '악력이 세면 하드자 원주민 남자들 사이에서 사냥을 더 잘하는 것으로 여긴다'고 결론을 내렸다(얄리 부족 사람들에게서는 유사한 상관관계가 발견되지 않았다).[11] 최소한 역사적으로, 악수, 특히 악수의 움켜쥐기는 본질적으로 서로의 건강을 시험해 볼 수 있는 방법이다 — 진화론적 관점에서, 다른 사람을 만났을 때 알고 있으면 유용한 방법이다.

이게 정말 사실이라면, 성별과 관련한 사안에 대한 직장의 관점이 우려스럽다. 탐구적 연구에 따르면 강한 악수와 인터뷰 평가 간의 관계는 남성보다 여성에게서 더 상관성이 높을 수 있다고 한다.[12] 아마도 이와 관련해서 여성들이 직장에서 성공하고 좋은 인상을 남기려면 힘주어 악수하라는 조언을 듣는 일이 자주 있는 것 같다. 경영진 코치인 캐롤 킨지Carol Kinsey는 '좋은' 악수(힘주어, 엄지와 검지사이 공간끼리, 손바닥끼리 붙잡기)는 직장에서 여성에게 특히 중요하다고 강조한다. 고먼Goman은 직장 내 악수에 대해 여성을 위한 11가지 조언을 제시한다. 예를 들어, '힘주어 악수해라. 힘주어 악수하는 여성은 더 좋은 인상을 줄 수 있으며 자신감 넘치며 적극적이라는 판단을 얻게 된다.'[13] 물론 문제는 대부분 여성의 악력이 약한 것은 자연스러우며, '여성'의 악수를 부적절하고 인상적이지 않다고 평가하는 것은 남성화된 기준이 표준인 오래된 가부장적 가치관에 근거한 것으로 보인다는 점이다. 사냥을 얼마나 잘하는지 알고 싶어 하던 옛날로 돌아가려는 걸까? 여자는 남자 동료의 강한 악력에 맞추려고 애써야 할까? 아니면 지금의 악력 그대로가 완벽한 걸까? 악력에 대한 집착은 마치 내 손은 네 손보다 더 크고 더 강한 남자다움 같은 걸 느끼는 시작이 되고 만다.[14]

개인적인 생각으로는 — 정상적인 압력 한도 내에 포함되는 — 어느 정도 악력이라면 괜찮다. 일반적으로 잘 열리지 않는 병을 따려는 사람처럼 행동하지 않는 것이 가장 좋다. 1877년에 발간된 가이드에 따르면, '인사할 때 내민 손을 무례하게 누르거나 지나치게 흔드는 신사는 자신의 잘못을 반복할 기회를 가져서는 안된다.'고 한다.[15] 들어라, 새겨 들어라.

안무

악수의 절정은 안무다. 손바닥을 펼쳐, 45도 각도로 아래로 그리고 엄지손가락은 위를 향한다. 이상하게도 모두가 악수하면서 위아래로

'흔들기'를 하지 않는다. 때로는 그냥 한 번 꽉 쥐는 것으로 끝나기도 한다. 나는 보통 한 번 흔드는데 생각해보면, 위아래로 한 번 휙 하고 움직이는 느낌이다. 흥미로운 것은 중동의 일부지역에서는 악력이 부족하면 흔드는 시간으로 메운다.

악수하는 시간, 흔드는 횟수, 손을 움직이는 합의된 거리(높이)에 대해 정답은 없다. 상대방이 누군가 본다는 느낌을 받을 수 있을 정도로 충분히 악수하는 것이 이상적이다. 하지만 기본적인 관행이 무엇이든, 예를 들어 누군가를 축하하거나, 아주 신이 난 상태일 때는 조금 더 길게 악수해도 괜찮다. 유일한 규칙은 분위기를 파악하는 것이다. 그래야 설탕 좀 빌리려고 온 어안이 벙벙한 이웃의 팔 전부를 힘차게 흔드는 일은 생기지 않는다.

놓기

잡은 손을 놓는다. 언제 손을 놓아야 하는지 알 것이다. 일반적으로 상대방이 출구 전략을 세우기 시작할 때까지 버티지 않는 것이 가장 좋다. 하지만 손 놓기가 잘못되면 어떻게 해야 하나? 뒤로 돌아가서 다시 시작해야 하거나 조용히 물러나야 할까? 이런 경우에 — 악수로 인한 사회적 불안감을 가진 사람들은 — 악수의 목적을 생각해보면 좋다. 악수는 기술이 아니라 의도가 중요하다. '안내서'에서 악수에 대해 중요하다고 말해주는 많은 것들이 실제 중요하지 않으며, 특히 여러분의 태도에 정중함과 따뜻함이 담겨 있다면 상관없다. 악수에 집착하지 말고 악수는 단지 절차상 한 단계에 불과하다는 점을 기억해라. 악수는 친근한 대화를 나누거나 대화를 마치는데 도움이 된다. 악수는 다른 사람과의 상호작용의 시작이자 끝이다. 형편없는 악수는 수다와 농담 거리가 된다. 미소를 지으며 따뜻한 마음을 담아 시작한 다음 악수로 마무리해라. 중요한 것은 악수가 아니라, 인간관계이다. 마무리하자면, 이것이 바로 악수하는 방법이다. 성공을 기원한다.

5

운명의 손: 역사상 최고의 악수

 키스의 영화 같은 화려함, 하이 파이브의 자연스러운 멋짐이나 코에 펀치를 날리는 스릴 넘치는 드라마 요소도 없는 제스처에 불과하지만, 악수는 놀랍게도 역사 기록에 단골로 등장했다.
 올바른 악수의 힘을 보여주기 위해, 역사 서적(그리고 내 기억)을 샅샅이 훑어서 악수로 세계적 문제를 해결했다고 생각하는 시대부터 금기를 바꾸기 위해 촬영한 악수 장면에 이르기까지 근대기에 가장 성공적인 악수 중 일부를 골랐다. 여기서 소개하는 악수는 친근함이 묻어나는 그런 악수라기보다 국가적 사안이자, 상징과 의미가 가득한 역사의 아이콘이다. 사실 악수 자체는 악수하는 사람뿐 아니라 악수 광경을 보고 있는 대중을 위해 조율되고, 꾸미고, 연출해 촬영한 사진이다. 우리 대부분은 결코 이렇게 큰 의미가 담긴 악수는 하지 않는다.

특별한 순서와 상관없이 중요한 악수의 렌즈로 바라본 역사와 문화를 살펴보자. 감히 말하건대, 역사를 관통하는 재미있고 유익한 관광 하이킹이 될 것이다.

다이애나 왕세자비 그리고 무명의 AIDS 환자

'그들과 악수할 수 있어요… 악수가 필요하다는 것을 하늘은 알고 있습니다.' (다이애나 왕세자비)

내가 가장 좋아하는 악수 중 하나이다. 여러모로 혁명적인 악수였다. 에이즈가 절정이던 1987년, 일반 대중은 단지 접촉하기만 해도 HIV에 감염될 수 있다고 믿었다. 결과적으로, 사람들은 에이즈 바이러스 보균자를 두려워했고, 잘못된 정보로 거의 견딜 수 없는 수준의 낙인과 차별적인 정책이 뒤따랐다. HIV 양성 환자들을 치료하는 많은 의료진은 가족, 친구, 동료에게조차 하는 일에 대해 얘기하지 않았다. 당시의 광기 서린 타블로이드 신문 헤드라인 중에는 《메일 온 선데이》Mail on Sunday의 '동성애 바이러스 전염병에 위협받는 영국' 《선》Sun의 '아들이 에이즈에 걸리면 총으로 쏠 거야'[1] 와 같은 내용이 있었다. 1985년 《LA 타임즈》LA Times가 실시한 여론 조사에 따르면, 응답자 중 50%가 HIV 환자 격리에 찬성하는 것으로 나타났다.[2]

다이애나비가 런던의 미들섹스 병원Middlesex Hospital에 최초로 개설한 HIV 전용 병동을 방문했다. 처음에 부모들은 당시 부정적인 보도 때문에 카메라 앞에서 다이애나비와 악수를 거부했다. 죽어가는 한 남자 환자가 마침내 동의했다. 다이애나 비가 장갑도 끼지 않은 채 에이즈 환자와 악수한 것은 사람들의 기억 속에 특권층이 실천한 가장 단순하면서도 가장 파괴적인 사회 정의 행동 중 하나였다. 이렇게 모범적인 악수는 에이즈라는 질병을 둘러 싼 수치심을 깨뜨리는데 도움이 되었으며, 다른 사람을 단순히 터치하는 것이 가진 파격적인 힘을 보여주었다. 그 병동의 간호사인 존 오라일리John O'Reily는 '다이애나비가 모두와 악수를 한 것은 그만큼 관심이 있다'는 것을 보여주었다고 생각했다.[3] 다이애나는 수년 동안 이런 악수를 수도 없이 반복했다.

다이애나비는 당시 대부분의 공인 이상으로 이미지의 힘이 여론에 얼마나 영향을 주는지 알고 있었다. 그녀의 아들인 해리 왕자에 따르면, 엄마는 자신이 무엇을 하는지 정확히 알고 계셨어요. 모범을 보이신 거죠.

특별 언급 : 바이든-해리스가 택한 악수 대체

2020년 11월 8일, 조 바이든Joe Biden 전 부통령과 카멀라 해리스Kamala Harris 상원의원은 미국 대선 경쟁에서 승자가 되었다. 이들의 승리는 여러 가지 최초의 기록을 세웠으며, 역사상 가장 많은 표를 얻었다. 델라웨어주에서 동부 시간기준으로 저녁 8시가 막 지난 시각, 해리스 상원의원은 감동적인 연설을 마치고, 미국 역사상 최고령 대통령이 될 바이든을 소개했다. 그는 UFC 경기장 같은 무대 위로 뛰어올라 해리스와 두 번의 주먹 인사를 했다.

악수가 아니었지만, 코로나19 시절에는 주먹 인사가 악수였다. 나에게는, 악수 한 번이 어떻게 천 마디 말과 마찬가지인지 다시 한번 알게 되었다. 바이든이 선거유세에서 책임 있는 코로나19

대처와 정확한 과학적 메시지에 관심을 기울였다는 점을 생각해 볼 때, 해리스와 악수하는 것은 애초부터 고려하지 않았을 것이다. 다이애나비처럼, 그들은 솔선수범하고 싶어했다. 어떤 경우이든, 트럼프 행정부를 끝내고 최초의 여성, 흑인 인도계 부통령을 축하하는 주먹 인사를 빠뜨릴 수 없다. 이는 코로나19 때문에 택한 것이지만 동시에 변화하는 시대에 걸맞는 악수였다.

냉전: 레이건과 고르바초프

제네바에서 1985년 11월 19일, 로널드 레이건Ronald Reagan 미국 대통령과 미하일 고르바초프Mikhail Gorbachev 소련연방공화국 서기장의 악수는 냉전시대 종말의 서막이었다. 그 자체만으로도 '역사를 바꾼 악수'인 것은 확실하며, 스위스 외교의 힘을 보여주는 증거이자[4], (내 생각에) 배경 설정이 악수 자체 만큼이나 중요하다는 사실도 보여주었다.

　세계에서 가장 적대적인 초강대국이 악수한 장소 — 아주 상징적인 경우 — 는 정말 어려운 결정이었다. 흔히 그렇듯이 다른 초강대국에게 회담을 주최하고 중개하는 일을 맡길 수도 없었고, 다른 초강대국도 없었다. 초강대국 중 한쪽이 다른 초강대국의 주최에 응한다는 것은 항복으로 보일 수 있으며 '원정팀'이 약점을 드러내는 것과 마찬가지이다. 세상의 나머지 대부분은 어느 한 쪽을 지지했기 때문에 중립 영토는 거의 존재하지 않았다. 스위스는 이런 악수를 위한 유일한 장소였다. 지정학적 관계가 서서히 해빙되기 시작한 곳은 유럽에서 누구도 거부할 수 없는 호수와 뻐꾸기 시계의 나라였다.

이 악수는 이후 수년간의 협상과 조약을 진행하는 동안 정기적으로 등장한 악수 중 첫 번째였다. 물론 이 악수는 한 번 악수했다고 40년간의 적대감과 이념 갈등이 효과적으로 종식되지 않는다는 것을 상기시켜주었고, 시작과 끝을 표시할 수 있는 악수 특유의 유연성의 상징이다.

1964년 민권법: 마틴 루터 킹Martin Luther King과 린든 존슨Lyndon Johnson

두 사람의 악수는 독특한 안무 때문에 돋보인다. 린든 존슨 대통령은 마틴 루터 킹 목사를 포함해 서 있는 사람들에 둘러싸여 앉은 채로 민권법에 서명했다. 서명을 마치자마자, 여전히 앉은 채로 존슨 대통령은 마틴 루터 킹 목사 쪽으로 몸을 돌리면서 동시에 민권법에 서명할 때 사용한 72개의 펜 중 하나를 건넸다 — 그리고 악수했다. 아무런 사전 연습 없이 즉흥적으로 악수했다는 사실은 마치 '이제 때가 되었다'는 의미를 전하는 듯한 그 간절함으로 알 수 있다. 이 악수는 가장 즉흥적이고, 안무도 적은 악수 중 하나였다. 아마도 너무 늦었기 때문이었다. 1964년 7월 2일에 서로 악수하고, 1년 뒤 소수 인종의 투표권을 보호하는 투표권법이 서명되었다. 이번 행사는 예상한대로 진행되었다. 서명 후, 존슨 대통령은 일어서서 마틴 루터 킹 목사와 악수했다. 1년 전에는 즉흥적으로 악수했던 게 분명했다.[5]

이집트와 이스라엘: 안와 사다트Anwar Sadat와 메나헴 베긴 Menachem Begin

1979년 3월 26일에 이집트와 이스라엘 간의 평화협정인 캠프 데이비드 협정Camp David Accords이 공식 서명되었다. 이로써 30년간의 전쟁과 적대 행위가 종식되었다. 서명식은 백악관의 남쪽 뜰에서 거행되었으며, 안와 사다트Anwar Sadat 이집트 대통령과 메나헴 베긴Menachem Begin 이스라엘 총리의 악수가 하이라이트였다.

두 사람은 1978년 이 평화 협정을 위한 협상의 공로로 노벨 평화상을 수상했다. 둘이 나눈 악수는 그 자체로 역사적이었지만, 제3의 인물, 즉 지미 카터 미국 대통령의 등장으로 주목할 만하다. 카터는 평화조약 협상에서 중추적인 역할을 했다. 악수를 나누는 정면 중앙에 선 카터는 이 행사가 평화뿐 아니라 평화 중재자를 위한 자리라는 것을 보여주려는 듯 사다트와 베긴의 손을(아마도 어색하게) 잡았다. 마찬가지로 1993년 9월 13일, 오슬로 협정Oslo Accords에 서명하고 악수를 나누는 야세르 아라파트Yasser Arafat 팔레스타인 의장과 이츠하크 라빈Yitzhak Rabin 이스라엘 총리 사이에서 아버지의 포옹처럼 양팔을 벌린 채 가운데 서있는 클린턴 미국 대통령을 보았다. 평화 조율(결국 실패로 끝났지만)과 전달에서 미국의 역할을 강조하는 모습이었다.

  1945년 얄타회담Yalta Conference에서 처칠, 루스벨트, 그리고 스탈린 세 사람이 악수했지만, 3자간 악수는 상대적으로 드물다. 차분한 표정의 영국과 러시아 지도자 사이에서 루스벨트가 미소 지으며, 악수를 나누는 연결된 손에서 중심 고리 역할을 하고 있다. 하지만 불편해 보인다 — 동맹국 사이가 이미 틀어지기 시작했다는 점을 생각해볼 때 그리 놀랄 일은 아니다.

맬컴 엑스와 마틴 루터 킹

맬컴 엑스Malcom X와 마틴 루터 킹Martin Luther King은 흑인 투쟁의 양대 거목이었다. 미국에서 인종 평등을 달성하는 방법에 대한 두 사람의 견해가(부드럽게 표현하자면) 언제나 일치하지는 않았다.[6]

이들은 인종 통합의 장점, 이런 운동에 백인의 참여 여부, 평등을 위한 투쟁에서 폭력의 역할에 대해 서로 생각이 달랐다. 하지만 맬컴 엑스의 생각은 시간이 지나면서 달라졌다. 인생 후반부에 그는 네이션 오브 이슬람Nation of Islam(원래 흑인만을 위해 이슬람교 선교활동을 하는 단체-옮긴이)을 떠나 정통 이슬람Orthodox Islam으로 개종했다. 1964년 4월 하지 순례에서 모든 인종의 무슬림들과 함께 기도하고 식사하면서 얼마나 감동했는지 회고했다. 그 결과 인종에 대해 이데올로기적 변화가 일어났고, 마틴 루터 킹 목사의 생각에 더 가까워졌다.

맬컴 엑스는 킹 목사를 만나려고 시도했었지만, 인권운동의 온건파 눈에는 그가 너무 급진적인 인물로 여겨졌다. 그래서 그의 요청에 대답하지 않았다. 그런 다음 1964년 3월 25일, 네이션 오브 이슬람을 떠나 그의 생각을 변화시킨 순례길에 오르기 직전에, 인종차별에 대한 상원 청문회를 참관했다. 마틴 루터 킹도 그 자리에 있었다. 맬컴이 다가가 악수하며 말했다: '인권 투쟁을 위해 한 몸

바치겠습니다.' 하지만 킹 목사와 다른 사람들이 셀마에서 체포된 이후 1965년 2월로 예정되었던 두 번째 만남은 성사되지 않았다. 2월 21일 맬컴 엑스는 암살되었다.

맬컴 엑스의 이념 변화 바로 그 시작점에서 아주 잠깐 그렇게 서로 얼굴을 마주 본 게 처음이자 마지막이었다. 여기서 소개한 악수 중에서, 이 두사람의 악수만이 유일하게 아쉬움으로 남는다. 악수가 상징한 마음의 만남이 결실을 볼 수 있었다면 어떻게 되었을까? 이들은 미국 역사상 최고의 재능을 가진 연설가이자 사회 운동가로 절정에 오른 인물이었다. 두 사람은 서로 다른 무게 중심을 가진 채(엄청난) 각자의 힘을 합친 것보다 훨씬 더 큰 협력의 가장자리에 섰다. 그런 두 사람의 악수가 어떤 결과로 이어졌을지를 되돌아보려면 크나 큰 충격을 감내해야 한다.[7]

잉글랜드와 아일랜드: 엘리자베스 2세와 마틴 맥기니스

악수의 더 잘 알려진 의미 중 하나가 '지나간 일은 잊자'이다. 침팬지에게도 암시하는 바가 있는 말이다. 그리고 과거와 반대되는 잠재적 요인으로 가득 찬 관계로 아일랜드 공화국군IRA(북아일랜드의

과격파 무장조직-옮긴이)과 영국 간의 관계만 한 것이 없다 — 엘리자베스 2세 여왕과 마틴 맥기니스Martin McGuinness IRA의 전 지도자(당시 신페인당의 부총재)가 2012년에 나눈 악수는 이 장르에서 최고의 작품이다. 1979년 여왕의 먼 친척인 마운트배튼 경Lord Mountbatten을 IRA가 암살한 사건, 영국의 잔혹한 아일랜드 지배 역사, 북아일랜드 관련해 IRA의 광범위한 불만 등을 포함해 청산해야 할 것이 너무나 많았다. 맥기니스는 이렇게 회상한다. '엘리자베스 여왕을 만날 때마다, 여왕도 나도 서로에게 사과를 요청한 적이 없다.'[8]

한 때 불가능한 것으로 보였던 북아일랜드의 항구적 평화가 찾아왔다. 이들의 악수는 놀라운 성과이며 전 세계 다른 지역에서 벌어지고 있는 쓸쓸하고 오래된 분쟁을 향한 한 줄기 희망이다. 이는 — 투쟁의 결과로 인해 개인적으로 고통을 겪었던 두 사람 사이의 악수이며 — 평화 협정을 이루려는 의도를 알리는 것이 아니라, 굳건하고 성공적인 평화협정을 더 강화하기 위한 악수였다. 앞으로도 변함없기를 기원한다.

넬슨 만델라 그리고 남아프리카 럭비 주장 프랑스와 피나르

아파르트헤이트Apartheid(남아프리카 공화국의 백인 정권이 자행한 유색인종 차별 정책-옮긴이)정책이 시행되는 동안 럭비는 남아프리카 백인만을 위한 운동이었으며, 남아프리카 공화국 국가대표팀인 스프링복스 Springboks는 인종차별 정권의 상징이 되었다. 아파르트헤이트 정책이 마침내 종식되자, 남아공의 흑인들로부터 스프링복스를 없애고 심볼을 바꾸라는 강력한 요구가 빗발쳤다. 1995년 넬슨 만델라 Nelson Mandela 신임 대통령은 많은 백인들 생각에 테러리스트였다. 남아공의 백인들은 27년 동안 수감되었던 흑인이 복수를 위해 어떤 짓을 저지르지 않을까 두려워했다.

그 뒤 넬슨 만델라는 요하네스버그에서 열린 럭비 월드컵에 참석했는데, 팀의 주장 등번호를 단 녹색 스프링복스 유니폼을 입었다. 스프링복스 주장인 프랑수아 피에나르Francois Pienaar는 너무나 감동해서 눈물이 날 것 같아 국가를 부를 수가 없었다고 당시를 회상한다. 63,000명의 관중은, 그중 62,000명이 백인이었는데, 깜짝 놀라 '넬슨, 넬슨'을 외치기 시작했다. 이 장면은 보복이 아니라 화합이라는 넬슨 만델라가 말없이 전한 메시지가 담긴 인종 치유의 마스터 클래스였다.

남아프리카는 뉴질랜드에 승리했다. 연단에 오른 넬슨 만델라는 프랑수아 피에나르와 악수했고 그에게 트로피를 수여했다. 피에나르는 이렇게 회상한다:

> 아직도 그가 한 말이 믿어지지 않습니다… '이 나라를 위해 당신이 한 일에 대해 감사드립니다.' 연단으로 뛰어 올라 안고 싶었지만, 그저 이렇게 말했어요. '아닙니다. 당신이 이 나라를 위해 한 일에 감사드립니다.' 왜냐하면 만일 넬슨 만델라 대통령이 아프리카민족회의ANC(남아프리카공화국의 인종차별정책인 아파르트헤이트 체제에 저항을 위해 설립되었지만 나중에 합법적인 정당이 되었다-옮긴이)와 남아공의 흑인에게 스프링복스는 우리 팀입니다, 우리를 위해 뛰고 있는 겁니다, 우리는 한 팀입니다, 우리는 한 나라입니다, 이들을 받아주세요라고 말하지 않았다면, 우리는 그런 응원은 기대할 수도 없었을 겁니다.[9]

스포츠는 단순히 스포츠가 아니다. 스포츠는 정치, 사회분열, 부족주의, 치유에 관한 것이기도 하고 ― 훌륭한 홍보가 되기도 한다. 만델라와 피에나르의 악수는 완벽한 안무에 만델라가 입은 유니폼에 이르기까지 세심하게 고려한, 절실히 필요했던 행운의 한 방이었다. 악수하는 순간에 하나로 통합된 이런 요소들이 인종 단합과 치유의 가장 상징적인 이미지로 탄생했다.

6

운명의 손: 역사상 최악의 악수

앞 장을 방금 읽었다면, 악수에 대해 아마도 좋은 생각을 하고 있을 것이다. 이 작은 제스처가 즐겁게 전 세계와 21세기 역사를 넘나들며, 잘못을 바로잡고 전쟁을 종식했다. 하지만 이는 악수에 얽힌 이야기의 절반에 불과하다. 이번 장에서는 악수가 잘못되면 어색한 실수부터 문화적 실수, 고의적인 무시 — 불운의 매킨리 대통령의 경우 — 주인공 중 한 명의 즉각적 사망에 이르기까지 어떤 일이 벌어지는지를 살펴본다.

악수의 힘이 악수를 바라보는 사람들에게 투영되는 상징적 단결에 있다면, 잘못된 악수는 다르긴 해도 여전히 강력한 이야기를 전한다. 이번 장에서 언급하는 대부분의 악수는 실제로는 하지 못한 악수이다. 일부는 의도적인 거절이기도 하고, 의도적이지 않은 경우도 있지만, 모두 어색함, 당혹스러움, 때로는 진짜 모욕감을 드러낸 것이다.

그렇다면, 악수를 거절하거나, 거절당하는 것은 어떤 의미인가? 심리학과 문화인류학에서 호혜의 원칙 — 하나를 비슷한 가치를 가진 다른 것으로 교환하는 것, 야채와 곡식을 맞바꾸거나, 칭찬을 받으면 칭찬으로 돌려주는 것 — 은 사회적 관계를 발전시키는 데 도움을 주는 것으로 이해된다. 실제로 프랑스의 인류학자인 마르셀 모스Marcel Mauss는 상호주의가 '사회구축'의 기반 중 하나라고 말한다.[1] 호혜는 쌍방에게 작용한다는 점이 중요하다. 긍정적 작용은 긍정적 작용을 유도한다(당신이 식기세척기를 정리했으니, 내가 차 한잔 줄게요). 그러나 부정적인 것은 성경의 복수법Lex talionis에 나와 있듯이 '눈에는 눈' 그런 식으로 복수를 야기한다. 교역에서 정치와 관계에 이르기까지 같은 것으로 돌려주는 호혜의 중요성에 대한 우리의 이해는 우리 문화와 심리에 아주 깊이 뿌리박혀있다. 심리학에서 다소 암울한 이론인 사회 교환이론social exchange theory에 따르면 사람들은 일종의 비용-편익 분석에 따라 동기가 부여되는 경우가 아주 흔하다고 주장한다. 우리가 주는 것을 돌려받을 것이라고 확신할 때는 그런 관계에 더 많이 투자하지만, 제대로 돌려받지 못했다고 느낄 때는 관계가 끝나버려도 신경 쓰지 않는다.[2]

악수는 인간에게 매우 자연스럽고, 악수의 의미와 가치에 대한 우리의 이해가 내재된 것이기 때문에 특히 공공연하게 악수를 거절하는 것은 그저 마지못해 악수하는 것보다 심리적으로 그리고 사회적으로 더 의미 있는 발언을 하는 것이라고 확신한다. 따라서 악수를 거절하는 것은 성적 배신, 외교적 사건, 살인, 극도의 사회적 붕괴와 같은 드라마틱한 사건이다. 어떻게 모른 척할 수 있겠는가?

미국, 중국 그리고 두 가지 악수의 나쁜 이야기

1972년 닉슨Nixon 대통령은 중국행 비행기에 올랐다. 미국과 중국의 25년 간의 깊은 침묵을 끝낸 외교적 임무의 첫 발걸음이었다. 활주로에서 닉슨 대통령은 저우언라이Zhou Enlai 중국 총리와 만났다. 그 순간을 회상하며, 닉슨은 이렇게 말했다. '계단을 내려가자 중국 총리가 박수치기 시작했죠. 나도 박수로 화답했고, 그런 다음, 마지막 계단을 밟으며 손을 내밀었어요. 그가 내 손을 잡았을 때 그것은 악수

그 이상이었습니다. 우리의 악수가 역사의 전환점이라는 것을 우리 둘 다 알고 있었죠.' 자신의 입장에서, 저우언라이 총리는 닉슨에게 말했다. '당신의 악수는 지구에서 가장 광활한 바다를 건너 왔습니다 — 25년동안 우리는 서로 입을 닫고 살았습니다.' 협상을 위해 닉슨 대통령이 헨리 키신저Henry Kissinger 국무장관을 비밀리에 베이징으로 보낸 지 7개월 뒤, 중국과 미국 간의 대화라는 새로운 정책의 문이 활짝 열렸다.[3]

바로 그 악수는 냉전시대에 미국에게 경쟁적 우위를 선사했고, 중국과 러시아의 동맹관계에 쐐기를 박았다. 그러나 중국과 미국의 악수로 제네바 회담Geneva Conference에서 저우엔라이 중국 총리가 존 포스터John Foster 국무장관에게 손을 내밀었지만 거절당했던 1954년의 기억을 떨쳐냈다는 사실은 마찬가지로 중요한 일이었다.

그렇다면 1972년의 악수가 실패목록에 포함되는 건가요?라는 여러분의 질문이 들린다. 표면적으로는 특히 1954년의 참사와 비교했을 때, 1972년의 악수는 대성공이었다. 그럴 수도 있지만, 그 악수는 패키지의 일부이다. 하나만으로 모두 이해할 수는 없다. 22년 동떨어진 일이더라도, 둘 중 하나를 이해하지 못하면 다른 하나도 이해할 수 없다. 두 악수가 합쳐져, 고위급 외교무대에서 악수를 거절당한 그 결과가 어떤 지를 보여준다. 하지만, 두 번째 악수인 1972년의 악수는 좀 더 자세히 본다면, 그 자체로 거절이었을 수도 있기 때문에 그 나름대로 여기서 다룰 마땅한 가치가 있다고 생각한다. 저우언라이는 중국 총리였지만, 중화인민민주공화국의 지도자는 그가 아니라 마오쩌둥Mao Zedong이었다. 보통 마오쩌둥이 중요한 국가의 정상들을 맞이한다. 초강대국 정상인 닉슨이 20년의 침묵을 지나 태평양을 건너왔다 ― 그런 상황에 마오쩌둥은 대리인을 내보냈다. 중요한 국제 외교 고위급 게임에서 미국 대표단이 이를 알아차리지 못했을 리 없다. 사실 대리인이 등장한 의미는 더 단순했을 가능성이 있다. 즉, 당시 마오쩌둥은 매우 아팠고, 중국인들은 이 사실을 미국에게 들키고 싶지 않았다. 하지만, 이 악수가 국제관계에서 큰 성공으로 여겨졌지만, 양국 관계가 여전히 신뢰와는 거리가 멀었기 때문에 그 뒷얘기는 간단하지 않았다. 1972년의 악수는 그 성공에도 불구하고 1954년 악수 거절의 결코 반대가 아니었다.

오바마, 케니 그리고 미국과 아일랜드의 어색함

최악의 악수 중 가장 공감되고, 재미있는 사례 연구이다. 2015년

성 패트릭스 데이St. Patrick's Day에, 엔다 케니Enda Kenny 아일랜드 총리와 버락 오바마Barak Obama 미국 대통령이 백악관에 마주 앉았다. 카메라 앞에서, 케니 총리가 손을 내밀었고 악수의 사진촬영은 분명히 순조롭게 진행되고 있었다. 그런데 오바마 대통령이 이를 보지 못한 채 기자들에게 말하기 시작했다. '제 친한 친구를 다시 만나게 되다니 정말 반갑습니다…' 케니는 뻘쭘한 자신의 손(오바마가 말한 '친한 친구'의 손)을 내려다 보았다. 케니는 초조한 듯 손가락을 펼쳤다. 이 손으로 뭘 해야 할까? 품위를 지키려면 어떻게 해야 할까? 케니 총리님, 우리도 그런 경험 해봤어요. 모두 그런 적 있죠. ― 다만 전 세계 언론이 지켜보는 미국 대통령의 집무실에서 그러기는 드문 일이다.

하지만 이건 의도한 건 아니었다. 나는 이러한 오바마의 악수 거절이 상호주의와 지위에 대한 중요한 점을 제기한다는 생각을 하지 않을 수 없다: 정반대의 상황이 벌어졌을 수 있을까? 미국인들이 영국의 지원이 절실히 필요했던 2차 걸프전 당시 조지 부시George Bush와 토니 블레어Tony Blair 사이에 같은 일이 일어났을까? 의도하지 않은 거절은 우발적일지 몰라도 여전히 악수의 상호주의 원칙에 위배되는 일이며, 여전히 당혹감과 사회적 불편함을 유발한다. 악수하는 두 사람 모두 이런 점을 이해한다. 따라서 한 쪽이 실수로 악수를 거절하지 않도록 제대로 주의를 기울이지 않으면, 힘의 불균형이 빚어진다.

아돌프 히틀러 그리고 네빌 체임벌린

1938년 9월 30일, 아돌프 히틀러Adolf Hitler 독일의 독재자와 네빌 체임벌린Neville Chamberlain 영국 총리가 악수를 나눴다. 체임벌린 총리의 바람대로 유럽에서 독일의 팽창주의에 마침표를 찍는 대가로 체코슬로바키아의 운명을 사실상 확정 지었다. 당시 이 악수는 큰 찬사를 받았으며, 영국 국민들은 '우리 시대의 평화'라는 생각에 크게 안도하며 희망과 기쁨 속에서 축하했다. 하지만 ― 우리 모두가 아는 대로 ― 히틀러는 뮌헨 협정Munich Agreement을 깨뜨렸고, 둘의 악수는 공허한 악수의 상징으로 재탄생했다.

그 당시에는 재앙이었던, 뮌헨 악수는 회유의 상징이 되었고, 원칙을 저버린 공인을 상징하는 밈meme으로 정치적 시대정신의 하나로 자리 잡았다. 오바마가 2013년 넬슨 만델라 장례식에서 라울 카스트로Raúl Castro를 잠깐 만나 악수했을 때, 존 매케인John McCain 상원의원은 '네빌 체임벌린과 히틀러가 악수했다'고 간결하게 평했다.

어떤 악수는 앞 장에서 성공적인 모습으로 시작했을지 모르지만, 그 악수가 결실을 볼 때는 아주 분명하게 이번 장에서 실패로 끝이 난다.

히틀러, 제시 오언스… 그리고 루스벨트

나치 치하에서 열린 1936년 베를린 올림픽은 보이콧 가능성에 대한 열띤 토론으로 시작했고, 지독한 악수 거절의 유명한 사례로 우리 모두의 뇌리에 남아있다. 흑인 육상선수 제시 오언스Jesse Owens는 금메달 4개를 땄다 — 미국인이 올림픽에서 한 번에 그렇게 많은 금메달을 목에 건 것은 처음이었다 — 그런데 히틀러는 오언스와 악수를 거부했다. 실제 얘기는 더 복잡하다. 올림픽 첫째 날, 히틀러는 독일과 핀란드의 금메달리스트와 악수하고, 흑인 미국 선수 코넬리우스 존슨Cornelius Johnson이 금메달을 따기 전에 스타디움을 떠났다. 히틀러는 모든 금메달리스트와 악수를 하든지 아니면 안 하든지 하라는 국제올림픽 위원회 위원장의 질책을 받았다. 히틀러는 후자를 선택했다. 대신에 일부 기록에는 히틀러가 오언스에게 손을 흔들었다(또는 더 놀랍게도 작은 나치 경례를 했다)고 되어 있다. 사건의 진상이 무엇이든, 헤드라인은 분명히 전했다. 흑인 운동선수가

'우월 종족'을 이겼다는 사실을 받아들이지 않는 인종차별주의적이고 불편한 심기를 드러낸 세계 지도자의 불쾌하고 공개적인 악수 거부였다. 나치는 나쁘고, 미국인은 좋다. 하지만 이러한 악수 거절 사건에서 흥미로운 것은 제시 오언스가 이렇게 얘기했다는 사실이다. '히틀러가 나를 거부한 게 아니라, 나를 거부한 것은 [루스벨트]였다. 우리 대통령은 나에게 축전조차 보내지 않았다.'[4] 루스벨트 대통령은 1936년에 백인 운동선수들만 백악관에 초대했다. 독일에 머무는 동안, 오언스는 백인 운동선수들과 같은 호텔에 머물렀는데, 이 기본적인 인권은 자신의 나라 미국에서는 허용되지 않았다. 뉴욕으로 돌아가 퍼레이드 그리고 그의 우승을 축하하는 리셉션이 열렸다. 하지만 월도프 아스토리아Waldorf Astoria에서 열린 자신을 위한 리셉션에 가기 위해 오언스는 화물용 엘리베이터를 타야 했다. 흑인은 월도프 정문 출입이 금지되었기 때문이었다. 대중문화는 외국인을 무시하고 편리하게 나치 악당을 겨냥했지만, 흑인 운동선수에게 그 그림은 더 복잡하고 사악한 것이었다.[5]

도널드 트럼프 그리고… 모든 사람들

도널드 트럼프 미국 대통령과 여러… 인물, 그냥 '적수'라 해두자. 그런 적수와의 악수는 전설적이다. 끈질긴 에마뉘엘 마크롱Emmanuel Macron과의 오랜 투쟁에서부터 당황한 아베 신조와의 불필요하게 세게 잡은 악수에 이르기까지 그의 악수는 구경거리이다. 《애틀랜틱》 The Atlantic은 이렇게 적었다. '너무나 긴…20초' 《인디펜던트》 The Independent 신문은 보디 랭귀지 전문가를 동원했고, CNN은 초당 한 장면씩 분석했으며 시청자들은 믿을 수 없다는 듯 지켜봤다. 이 악수들은 끝없이 분석되었지만, 전문가들의 신중한 분석은 한 마디로 이렇게 요약할 수 있다. PG-13(13세이상 관람가-옮긴이) 등급의 성기 흔들기. 뻔한 얘기이지만, 악수의 상호주의 정신을 지키지 않은 점은 명백하다 — 상대방의 손을 놓지 않고 낡은 헝겊 인형처럼 상대방의 손을 계속 끌어당기는 것은 악수가 아니라 상대방의 손을 인질로 삼는 것이다.

트럼프 가족이 그를 치료받도록 하지 않고 — 교양 학교에 보내지 않아서 세상에 얼마나 큰 해를 끼쳤는지 역사가 말해 줄 것이다. 하지만, 그의 기이한 '교양 없는' 악수는 승자와 패자만 존재하고, 우정과 협동은 바보들을 위한 것이라는 그의 (으흠) 독특한 심리를 꿰뚫어 볼 수 있어 흥미롭다. 《애틀랜틱》The Atlantic은 마크롱과의 악수에 대해 다음과 같이 잘 표현했다. '현 미국 대통령은 악수를 미니 힘 겨루기로 또 다시 시도했다.'[6]

뼈를 으스러뜨릴 듯한 악수는 교양 없는 남자에게 드문 일이 아니지만, 터무니없는 악수쟁이 트럼프는 다른 모든 것과 마찬가지로 자신이 얼마나 특출한지를 강조하는 것 같다. 2016년 10월, 도널드 트럼프와 힐러리 클린턴Hilary Clinton이 세 번째 텔레비전 토론에서 서로 악수하지 않았는데,[7] 이는 오랜 전통을 깬 최초의 일이었고, 무례하고 독한 대중 담론의 새로운 시대를 여는 상징적인 신호탄이었다.

조 바이든Joe Biden과의 2020년 대선 토론(또는 적어도 트럼프가 출연한 토론)에서 코로나19 팬데믹은 두 사람이 악수하지 않는 핑계가 되었다 — 현직 대통령이 첫 번째 토론에서 바이러스에 감염되었을 가능성이 있다는 점을 고려하면 다행스러운 일이었다.[8]

보리스 존슨의 악명높은 코로나19 악수

자연스레 보리스 존슨 영국 총리 얘기로 이어진다. 그는 코로나19

초기에 공중 보건 전문가들의 충고에도 불구하고 악수를 포기하지 않겠다고 선언했다. 기자 회견에서, 약간 괴로워하는 표정의 정부 보건 전문가 옆에 선 존슨 총리는 병원에서 코로나 감염 환자들 몇 명을 만났다고 발표했다. '여러분이 알다시피, 모든 분과 악수했습니다.' 사람들은 기뻐하지 않았다. 존슨 총리가 위험한 자신의 행동에 대한 우려에 전혀 아랑곳하지 않았고, 얼마 뒤 비정치 프로그램인 모닝 쇼 진행자 필립 스코필드Phillip Schofield도 존슨 총리와 악수를 피하려 했다. 몇 주 후, 존슨 총리는 코로나로 중환자실에 입원했다. 정말 안 좋은 선례였다.

물론 그가 악수 금지를 따르지 않아 코로나에 감염되었는지는 알 수 없지만, 존슨 영국 총리의 악수는 악수와 코로나 감염이라는 인과 관계를 확실히 보여주었다.

존 테리 그리고 웨인 브리지: 섹스, 스캔들 그리고 풋볼

악수와 좋은 스포츠맨십은 말 그대로 바늘과 실이다. 스포츠에서 악수를 거절하는 대부분의 예는 정치와 인종차별이라는 두 가지 이유(또는 이 두 가지의 복합적 작용)에서 비롯된다. 그러나 훨씬 더 내밀한 이유에서 비롯된 유명한 예외 사례가 있다. 존 테리John Terry와 웨인 브리지Wayne Bridge는 영국의 축구선수이자, 친구였고, 여러 번 같은 팀의 동료였다. 존 테리는 당대 가장 뛰어난 영국의 축구선수였으며, 잉글랜드와 첼시의 주장이었다. 웨인 브리지(그리고 그의 약혼녀 버네사 페론셀Vanessa Perroncel)는 그런 존 테리와의 친분만으로도 행복했다.

브리지는 2009년에 첼시에서 맨체스터 시티로 이적했고, 페론셀과의 관계는 멀어졌다. 그리고 테리는 고등법원 판사로부터 언론에 대한 사생활 보도금지 명령을 얻어냈다. 보도금지 명령이 번복되자, 테리가 아내 몰래 페론셀과 4개월 동안 바람피웠다는 내용의 기사가 쏟아졌다. 보도금지 명령으로 자신들을 무시했을 때는 물론이고, 시도 때도 없이 미친듯이 보도 경쟁하는 것으로 유명한 영국의 타블로이드 신문들은 이제 복수의 칼을 갈고 나섰다. 브리지를 응원하는 축구팬들의 메시지가 쇄도했고, 일부는 '팀 브리지'가 새겨진 셔츠를 입기도 했다. 테리의 아내는 아이들과 함께 두바이로 떠났고, 영국 파파라치의 절반이 몰려들었다. 테리의 명성은 땅바닥으로 떨어졌고 국가 대표팀 주장에서도 물러났다. 이들의 스캔들이 전국적 관심사가 되면서 얼마 남지 않은 첼시와 맨체스터시티와의 경기에 관심이 집중되었다. 마권업자들은 테리와 브리지가 악수할지를 놓고 내기를 시작했다. 경기에서 테리가 손을 내밀었지만, 브리지는 그냥 지나치며 무시했다. 맨체스터시티는 17년 만에 첼시 구장에서 처음으로 승리했다.

섹스와 복수가 담긴 이 짜릿한 이야기의 가장 큰 문제는 버네사 페론셀이 이 모든 것을 부인했다는 점이며, 8개월 뒤 《뉴스오브더월드》 News of the World는 그녀에게 사과했다는 사실이다. 테리는 다시 주장직을 되찾았지만, 브리지의 커리어는 내리막길을 걸었다. 몇 년 후 그는 이렇게 회상했다. '가장 실망스러운 것은 축구선수로서가 아니라 악수하지 않은 것으로 더 유명해졌다는 점입니다. 길을 걷다 보면 욕을 먹어요. 사람들이 여전히 제대로 알지 못하는 것 같아요.'[9]

섹스와 악수는 일반적으로 어울리지 않는다(오르가슴 후에 악수는 걸맞지 않는다). 질펀한 연애, 헤어진 연인, 스캔들과 이런 일에 집착하는 나라는 들어본 적이 없다. 그러니 이 악수는 역사에서 확실히 기억할 만하다. 그러나 이렇게 음란하고 거의 근거도 없는 얘기를 포함하고… 이런 악수에 대한 연구를 싫어하지 않는다는 사실이 약간 지저분하다는 생각이 든다.

카스트로 그리고 오바마

라울 카스트로Raúl Castro와 버락 오바마Barak Obama의 악수 역사는 그 자체로 한 권의 책이 나올 법하며, 두 정상 간의 악수 뒤에 얽힌 뒷얘기와 열띤 논쟁은 쿠바와 미국 사이의 험난한 관계를 상징적으로 보여준다.

2013년 넬슨 만델라 장례식에서 카스트로와 오바마가 악수한 사실에 대해 이미 앞에서 얘기했다. 2015년에 양국 관계의 해빙을 기념하는 '역사적인 악수'가 파나마에서 있었다. 당시 미국의 공화당은 이에 대해 아주 못마땅했다. 하지만 내가 좋아하는 카스트로-오바마의 악수는 엄밀히 말해 악수가 아니라, 안무가 빠진 엉망진창이었다. 파나마 악수 이후 일 년 뒤, 아바나Havana에서 가진 공동 기자회견에서 카스트로는 악수를 아주 특이하게 표현했다. 그는 오바마의 손목을 잡아 자기 머리 위로 들어 올리며, 아마도 아무런 악의가 없었다면, 일종의 '머리 위로 승리의 손을 맞잡은 자세'를 의도한 것 같았다. 하지만, 만일 악의가 있었다면, 공산주의 상징으로 익숙한 머리 위로 손을 뻗는 식의 경례를 강요한 시도였다. 그러나 오바마의 (손바닥이 아니라) 손목 위에 있는 카스트로 손의 위치와 두 사람의 상당한 키 차이 그리고 오바마가 똑같이 화답하지

앉았기 때문에, 카스트로는 오바마의 힘 빠진 손을 높이 들어 올렸을 뿐이다. 결국 누가 더 잘 나왔는지에 대한 해석은 상당히 엇갈렸다. 오바마는 꼭두각시로, 카스트로는 꼭두각시 인형 조종자처럼 보인 걸까? 아니면 천재의 한 수이었을까? 《가디언》The Guardian은 이렇게 설명했다.

> 이는 앞으로 수십 년 동안 외교관 지망생들에게 교훈이 될 수 있는 행동이다. 만일 오바마가 꿈틀했다면, 88년 만의 이뤄진 미국 대통령으로서 첫 순방의 이미지는 정치적 투쟁의 연속으로 남았을 것이다. 만약 오바마가 팔을 쭉 뻗은 채 높이 올렸더라면, 쿠바인들에게 사회주의식 경례로 그들의 혁명을 지지하는 미국 대통령이라는 사진 촬영 기회를 선물할 뻔했다.[10]

국제 외교에서 악수의 시각적 효과는 크다 — 단, 처한 상황에 맞게 행동할 수밖에 없다.

악수에 의한 대통령의 암살

윌리엄 매킨리William McKinley 전 미국 대통령은 '매킨리 악수'로 유명했는데, 아주 효율적인 악수 방법 덕분에 선거 유세에서 1분에 50명과 악수할 수 있었다고 한다. 이런 유형의 악수 (또는 실제 모든 정치인의 악수)가 가진 문제는 악수라는 접촉으로 얻는 상대방과의 특별한 관계와 그런 상대방과 근접해서 생기는 안전 문제가 상충된다는 점이다. 실제로, 매킨리 암살 시도에 대한 염려로 일부 악수 행사는 취소하고, 경호 인력을 늘리기도 했다. 매킨리는 반대했고, 1901년 9월 6일에 뉴욕 버펄로에서 열린 세계박람회World Fair를 방문했을 때까지 줄다리기는 계속되었다. 매킨리는 악수를 구실로 다가 선 촐고시Czolgosz에게 암살당했다. 매킨리가 대중과 악수하는 것을 대통령으로서 가장 좋아하던 일 중의 하나였다는 점을 생각하면 슬프고 아이러니한 일이 아닐 수 없다.

촐고시는 전날 매킨리 대통령이 연설하던 연단에 가까이 서서 총을 쏠지 고민했지만, 제대로 쏠 수 있을지 확신할 수 없었다. 대신, 악수하려는 군중에 합류했다. 사람들은 빈손에 손을 편 채로 대통령에게 다가서야 했지만, 오후 4시 7분 촐고시는 오른손을 손수건으로 감싼 채로 다가섰고, 매킨리는 손을 다쳤다고 생각해 암살범의 왼손을 잡으려고 손을 뻗었다. 출고시는 두 발 쐈다. 살펴본 것처럼, 악수는 단지 무기가 없다는 선한 의도를 시각적으로 보여주는 표시라는 통념이 있다(나는 공감하지 않는다). 하지만 매킨리의 죽음이 보여주듯이, 악수는 해를 끼칠만큼 가까이 다가갈 수 있는 기회도 준다 — 상호주의적 관계에 대한 우리의 욕망으로 인해 우리가 위험해질 수 있다는 것도 상기시켜준다.

7

종말: 이제 악수는 끝인가?

우리가 아는 세상의 종말

코로나19 전염병이 진행되는 동안, 우리 삶은 결코 예전과 같을 수 없다고 외치는 헤드라인을 보았다. 내가 좋아하는 친구와 동료들은 마치 문명의 종말인 것처럼 행동했다. (제리 사인펠드Jerry Seinfeld(미국의 유명 코미디언이자 배우-옮긴이)는 너무 화가 나서) 뉴욕은

'죽었다'라고 선언했다. 히스테리 부리는 것처럼 느껴지기 시작했다.

내가 다니는 유니버시티 칼리지 런던University College London의 저명한 프랑수아 발루François Balloux 교수가 '일상으로 돌아갈 수 없다'며 이를 더 빨리 받아들일 수록, 좋다는 전문가들의 말을 인용한 헤드라인을 비난한 것은 당연하다.[1] 첫째, 너무나 형편없는 메시지이기 때문이다. 모든 것을 잃었으니 할머니 주변에서 사회적 거리두기는 신경쓰지 않아도 된다고 말하는 것과 다를 바 없다. 둘째, 치명적인 전염병은 이번이 처음이 아니기 때문이다. 서기 541-542년에, 2천5백만에서 1억 명이 유스티니아누스 전염병Plague of Justinian으로 목숨을 잃었고, 이후에 흑사병Black Death 등 여러 전염병이 반복적으로 발생했다. (바로) 생생한 기억 범위 내에서 보면, 1918년의 스페인 독감으로 전 세계적으로 5억 명이 사망했다. 더 최근에는 중증 급성 호흡기 증후군인 사스SARS, 에이즈 바이러스 HIV, 1961-75년의 콜레라 전염병과 2009-10년의 돼지 독감 전염병을 겪었다. 고통스러운 경험, 비극, 엄청난 사건이었지만, 우리가 알고 있는 '문명'과 '삶'은 이 모든 상황을 견뎌냈으니 대단한 회복력을 가진 듯하다. 감사하게도 안정적이고 산업화된 나라에서 살면 아마도 지구 상에서 다른 사람들이 처한 불안정성과 위험을 모르고 사는 뜻하지 않은 장점이 있다. 나의 일터는 정치적으로 불안정하고,

적대적인 분쟁 지역이고, 내 가족을 포함해 분쟁 지역에 거주하는 이들이 이제 문명의 종말이라고 선언하는 것을 본적이 없다. 어처구니없게도 2차세계대전에서 패배한 나치 추종자들이 최근 미국의 샬로츠빌Charlottesville에서 행진을 벌였다. 이 사건은 당시 백악관 주인장의 분노를 샀다. 스카우저Scouser(영국 리버풀 출신 사람을 일컫는 말-옮긴이)인 우리 할머니는 당신이 산 증인이라고 줄곧 말씀하시며 우리에게 전쟁의 어떤 경험을 전하려는 듯했다.

거대한 단일 사건으로 완전히 근본적인 행동의 변화가 일어나는 것은 아니다. 예를 들어, HIV는 안전한 섹스에 대한 태도 변화에 큰 역할을 했지만, 이는 단지 HIV 때문만은 아니었다. 다른 성병과 임신에 대한 걱정도 나름의 역할을 했다. 게다가 모든 사람이 안전한 섹스에 대해 생각을 바꾼 것도 아니었다는 점이 분명하다. 우리가 해야 하는 질문은 코로나19로 우리의 행동이 어떻게 바뀔 것인가이며, 그런 변화가 지속될 것인가 하는 것이다. 코로나19 전염병 시작때부터 공중보건 메시지는 감염 원인인 손과, 손 씻기 그리고 악수 자제에 전적으로 집중했다. 악수는 갑자기 인가가 떨어졌다. 언론도 갑자기 새로운 현실에 대처하는 정치인들의 서툰 시도들을 다루는 기사로 가득했다. 2020년 3월 앙겔라 메르켈Angela Merkel 독일 총리가 먼저 호르스트 제호퍼Horst Seehofer 영국 내무

장관에게 손을 내미는 장면이 카메라에 포착되었는데, 제호퍼 장관은 걱정스러운 듯 손을 흔들며 사양했다. 그러자 규칙을 잘 지켰다며 칭찬이 이어졌다.[2] 같은 달에, 국가 차원의 악수 금지 방침을 막 발표한 네덜란드 총리는 돌아서 보건 공무원과 갑자기 악수하더니 '아, 죄송합니다!'라고 말했다. '이제 악수하면 안 되는 거죠. 죄송해요. 죄송합니다.'[3]

악수가 사라지면서, 악수가 우리 사회에게 얼마나 깊이 뿌리 박혔는지 알게 되었다. 누군가에게는 사회적 어색함의 문제였다. 사람들은 마치 새로운 틱톡TikTok 댄스 열풍인 것처럼 새로운 팔꿈치 맞대기 인사를 시도하며 수줍은 듯 손을 움츠리고, 긴장된 웃음을 보였다. 때로는 훨씬 더 광범위하게 영향이 나타나기도 했다. 귀화 행사에는 악수가 합법적으로 요구되기 때문에 난처한 상황에 처한 덴마크 시민권 신청자들이 불쌍하다는 생각이 든다.[4] 리더들이 가슴에 손 얹기, 팔꿈치 부딪히기, 나마스떼 등으로 실험했지만, 일부 영역에서 악수는 상징적 역할을 했다. 악수를 회피하는 것은 당신이 책임감 있게 상황을 진지하게 받아들인다는 것을 의미했지만, 계속 악수를 고집하는 것은 평상시와 다를 게 없다는 무사안일의 태도를 드러냈다. 하지만 사망자 수가 증가하면서 공허하게 들리기 시작했다. 악수를 '야만적'('악수하면 감기와 독감과 온갖 병에 걸려요. 뭔 들 안

걸리겠어요?')⁵이라고 공식적으로 표현했던 도널드 트럼프는 갑자기 악수의 열렬한 지지자가 되었다. 언론인 메건 가버Megan Garber가 말했듯이, 이런 악수는 코로나 전염병이 전문가의 경고처럼 심각하지 않다는 신호를 주는 공허한 안심이었다. 지도자들이 말하는 자유의 정의에는 — 악수 자체가 다른 사람들에게 위험을 초래하는 경우에도 — 마음대로 악수하는 자유가 포함될 것이다.⁶

당신의 존재를 주장하는 유일한 사람들이 정치적 발언을 하거나 거짓된 안심을 주려고 기꺼이 다른 사람을 위험에 빠뜨리는 사람이라면 문제가 있다고 볼 수 있다. 하지만 악수의 종말 선언은 — 악수를 피하는 것이 임시방편으로 아무리 합리적이어도 — 역사의 교훈에 위배된다. 왜냐하면 2020년은 결코 악수의 종말이 선언된 첫해가 아니기 때문이다. 악수의 종말은 어림없는 얘기다.

악수 중단

그리스 역사학자 투키디데스Thucydides는 아테네 주민 1/3의 목숨을 앗아간 아테네 역병(기원전 430-427)의 생존자로, 전염병의 생생한 경험담을 기록했다. 『펠로폰네소스 전쟁사』The History of the

Peloponnesian War에서, 전염병이 심해지면서 사회적 규범이 어떻게 무너졌는지를 기록했다. 재앙이 모든 경계를 넘어서자, 자신들이 어떻게 될지 알지 못한 사람들은 신성한 것이든 세속적인 것이든 완전히 부주의해졌다. 이전에 사용하던 모든 장례의식은 완전히 무너졌고, 사람들은 최선을 다해 시신을 매장했다.[7] 코로나19 전염병 초기 몇 달 동안 이란이나 예멘에 만들어진 대규모 무덤이 담긴 우울한 위성 사진들을 본 사람이라면 누구라도 암울하지만 낯설지 않은 장면이라고 증언했을 것이다.[8]

사실, 공중보건 대응과 관련해 코로나19 전염병에서 독특하고 독창적인 것은 거의 찾아볼 수 없다. 격리, 고립, 사회적 격리, 폐쇄된 학교, 기관 및 정부 건물, 감염된 도시에서 탈출하는 사람들, 낯선 사람이나 이방인에 대한 두려움 — 이런 반응은 역사에서 반복적으로 나타나고 있다. 심지어 마스크 착용은 새로운 것이 아니다. 1918년 독감이 대유행할 때, 《리퍼블릭》Republic 신문은 뉴욕을 '가면 쓴 얼굴의 도시, 가면 축제처럼 기괴한 도시'라고 묘사했다.[9] 그리고 지구의 반대편 시드니에서는, '마스크 착용이 의무였지만, 독감 환자는 "훨씬" 적은 상태였다.'[10] 접촉이 질병 전염과 관련 있을 수 있다는 인식이 종종 있었고, 신체 접촉에 대한 규제는 — 자발적이든 국가에 의해서든 — 반복적으로 나타나는 주제이다. 질병에 대한 합리적이고 효율적인 대응은 수백 년 후 이를 뒷받침할 세균 이론을 예상한 것이었다. 티베리우스Tiberius 로마 황제(서기 14-37)는 얼굴을 흉하게 만드는 곰팡이병인 멘타그라Mentagra가 로마 귀족 사이에서 유행하기 시작하자 키스 금지령을 내렸다. 일반적으로 턱에서 시작하는 이 병의 확산은 키스가 원인으로 지목되었다.[11]

1439년 영국 의회는 일 년 이상 림프절 페스트bubonic plague(목, 겨드랑이, 사타구니 등의 림프절을 공격해 부종을 일으키는 흑사병을 의미한다-옮긴이)로 인해 열리지 않았지만, 재정 및 군사적 압력은 거세졌다. 불안한 하원 의원들은 10대 나이의 (자식도 없는) 헨리 6세를 전염병으로부터 보호하기 위해 존경의 키스를 편지로 대신할 수 있게 해달라고 청원했다. 왕의 신하인 영주들이 성인으로서 헨리 6세에게 처음으로 행하는 의례적인 키스였기 때문에 이런 청원은 큰 문제였다.[12]

> 세상에서 가장 고귀한 폐하의 건강과 행복을 위해… 당신의 가난하지만 신실한 신하인 우리는 폐하의 옥체를 보존하고… 그 어떤 전염병도 폐하를 해하지 못하도록… 폐하의 고귀한 은총을 간청드립니다. 폐하의 신하인 우리 각 군주가 경의를 표함에 있어 앞서 말씀 올린 폐하에 대한 키스는 생략할 수 있기를 간청하오며 폐하의 뜻에 따라 용서를 통촉하여 주시옵소서.[13]

수십 년 뒤, 1518년에 또 다른 전염병이 창궐했을 때, 윈저 주민들은 엄격한 격리 및 사회적 거리두기 조치를 시행했다.

감염된 모든 성의 주민들은 즉시 격리되고 집의 문을 폐쇄해 출입을 제한했다. 격리된 집의 출입도 엄격하게 제한되었다. 격리된 사람들을 위해 음식, 음료 및 기타 생필품을 가져 오기 위해 단 한 사람만 집을 벗어날 수 있었다. 이런 임무를 맡은 사람은 격리지역 외부에 있는 동안 4피트 길이의 흰색 막대를 수직으로 세워 들고 다녀야 했다. 이는 성의 주민들이 거리를 유지하고 감염 가능성을 피할 수 있도록 하기 위한 조치였다.[14]

이 조례 — 수치(羞恥)스러운 장대는 기본적으로 4피트 높이이어야 함 — 는 런던에도 적용되었다. 아울러, 격리된 집의 측면에 8피트 길이의 장대를 꽂았고 '끝에 건초나 짚'을 달아서 행인에게 경고하고 감염을 피할 수 있도록 했다.

전염 측면에서 근접과 접촉의 위험에 대한 이해는 직접적으로 악수와 관련되기도 했다. 1793년, 당시 미국의 수도였던 필라델피아 시에 치명적인 황열병이 창궐했다. 황열병과 그로 인한 도시와 정부에 미친 영향에 대해 폭넓게 저술한 아일랜드계 미국인 출판인이자 경제학자인 매튜 캐리Matthew Carey는 필라델피아 시민 50,000명 중에서 17,000명이 도시를 떠났고 4,000명이 사망 (5,000명이나 된다는 설도 있음)했다고 추산했다. 대부분의 부유층은 여름에 필라델피아를 벗어났고, 조지 워싱턴 대통령과 그의 가족도 시, 주, 중앙 정부의 거의 모든 사람처럼 9월 10일에 떠났다.[15] 캐리는 '무서운 광경'을 서술했는데, '사람들이 외국으로 가서 공기를 마셔야겠다는 다짐을 했지만, 거의 온종일 병원으로 환자를 이송하는 수레나 죽은 사람을 무덤으로 옮기는 영구 마차가 그들의 영혼을 짓누르며 다시 낙담에 빠뜨렸다'고 묘사했다.[16] 여기에 덧붙여 '악수하는 오랜 관습을 일반적으로 멀리하게 되면서 심지어 악수하자며 손을 내밀어도 겁을 먹고 움츠러드는 사람들이 많았다'고 설명했다.[17] (익숙한 얘기죠, 그렇죠?) 이는 미국이 경험한 최악의 전염병 중 하나였으며 — 미국은 1776년에 겨우 독립선언서를 채택한 여전히 신생 국가였다 — 권력의 중심인 필라델피아와 새로운 공화국의 핵심 인물들에게 영향을 미쳤다.[18] 미국은 악수의 미래를 바꿀 수 있는 상황이었다. 그런데도 전염병이 악수에 일시적인 장애를 일으키는 정도에 그쳤다는 사실은 이상하다.

전염이 어떻게 확산되는지 더 잘 알게 되면서 악수에 대한 더 직접적인 비판이 이어졌다. 하지만 손 위생과 질병에 대한 슬픈

결말을 먼저 얘기해보려 한다. 이그나츠 필리프 제멜바이스Ignaz Philipp Semmelweis는 헝가리 의사이자 과학자로 소독법의 선구자였다. 비엔나의 병원에서 근무할 때 그는 의사의 도움으로 태어난 신생아들이 산파의 도움으로 태어난 신생아들보다 산욕열로 사망하는 비율이 더 높다는 사실을 발견했다. 의사들이 시체 해부에서 감염원이 묻은 다음 신생아들에게 옮기는 것이라고 결론 내렸다. 1847년, 그는 염소 처리된 석회용액으로 손을 씻으면 생명을 구할 수 있다고 주장했다. 하지만 그는 동료들의 조롱거리가 되었고, 계속된 논란으로 결국 정신병원에 입원했다. 2주 뒤 어처구니없게도 정신병원 경비원들에게 구타를 당한 후 비극적으로 생을 마감했다 — 예방하려고 그렇게 애쓰던 바로 그 질병인 손에 생긴 괴저성 상처 때문이었다.[19]

제멜바이스의 이론은 훗날 루이 파스퇴르Louis Pasteur와 조지프 리스터Joseph Lister의 연구를 통해 정확성이 입증되었다. 세균 이론에 대한 기본적인 이해가 바쿠Baku(당시에는 러시아의 영토였지만 오늘날은 아제르바이잔 영토)에 악수 금지 협회 설립에 영향을 미친 것으로 보인다. 이 협회는 1894년 콜레라에 대한 공포로 인해 세워졌으며 서방 언론에 흥미롭게 보도되었다. '악수 금지 협회 회원은 일년에 6루블을 내고 회원 표시로 버튼을 착용한다. 악수할 때마다 3루블의 벌금이 부과된다… 전염에 대한 두려움 때문에 사람이 무슨 생각까지 할 수 있는지는 바쿠시를 보면 알 수 있다'고 시카고의 러시 의과대학Rush Medical College이 발행하는 학술지인 코퍼스클Corpuscle[20]에 실렸다. 란셋The Lancet(영국의 저명 의학저널 -옮긴이)은 '과학적 진실에 대한 숭배가 그렇게 문자적이고 그렇게 과시적인 형태로 드러나는 경우는 흔하지 않다. 러시아 사람들 사이에서 위생 조치는 지금까지 사실상 무시되었기 때문에 이 경우는 더 주목할 만하다'라며 비꼬아 표현했다.[21] 세계에서 가장 유명한 의학 저널에 실린 이 글은 진실을 제대로 규명하지도, 제대로 표현하지도 못했으니, 오히려 이상한 바쿠 클럽이 진실에 더 가까웠다는 것을 부인할 수 없다. 코로나19 경제 상황 속에서 벌금이나 다름없는 악수를 청하는 사람이 많지는 않다.

  1918년 스페인 독감이 창궐했을 때, 감염과 악수의 연관성은 훨씬 더 널리 받아들여졌다. '손, 얼굴, 공간'이라는 공지를 통해, 밀워키 주민들은 시 보건 당국으로부터 '공공장소, 사람이 붐비는 거리'를 피하고 '안타깝게도 노래할 때 비말이 퍼져 나가는 경우가 많으니 커뮤니티 노래방 등을 가지 말라'는 당부를 들었다. 또한 '손을 입에 대는 습관은 버려라'는 당부의 말과 '인사로 악수는 하지 마라'는 말을 들었다.[22] 1919년 H. W. 힐Hill 박사는 '의사가 본 악수의 위험'이라는 제목의 기고에서 '[전염병]에 대한 모든 예방 조치를 거부할 정도로 어리석어서는 안 된다'고 확실하게 주장했다. 가장 먼저 시행되어야 하는 예방 조치는 바로 이것이다 — 악수의 보편적 금지.'²³ 아리조나Arizona주의 프레스콧Prescott은 이 문제를 논리적으로 판단해서 악수를 불법으로 규정했다. 의학 문헌을 살펴보면서, 의료 전문가들 사이에서 점점 악수를 거부하는 분위기가 분명해졌다 — 당연히 스페인 독감이 유행할 무렵부터였다. 20세기가 되자, 악수에 대한 의심은 의료 전문가들 사이에서 확고해졌고, 악수의 대안들도 등장하기 시작했다. 1926년 《오하이오 헬스 뉴스》Ohio Health News는 '정직하고 따뜻한 악수는 마치 불구대천의 적이 치명적인 계획을 숨기고 인사하는 것처럼 많은 병원성 박테리아를 전파시킬 수 있으며, 실제로 그런 일이 빈번하다'고 조금 과장스럽게 선언하고, '자신의 손을 흔드는 중국인의 관습'을 옹호했다. '중국을 조롱하는 일이 많지만, 우리가 원하면 중국의 고대 지혜가 종종 도움이 될 수 있다. 자기 손과 악수하면 적어도 자신의 세균은 집에 머물러 있게 된다.'라고 설명했다.²⁴ 1929년 간호사 릴라 기븐Leila Given도 중국식 방법을 제안하면서 '손가락 끝 맞대기와 손을 높이 들고 하는 악수'가 사라지는 것을 한탄스러워했다. 그러나 보다 위생적인 대안에 대한 희망적인 제안을 하면서도, 현실적인 판단을 했다. 《오하이오 헬스 뉴스》와 간호사 릴라 기븐 모두 악수가 과연 사라질지에 대해 의문을 제기했다는 사실이다.

9년의 시간이 흐른 뒤에도, 의료 전문가들은 여전히 악수에 반대 입장을 내세우고 있었다. 영국 올림픽 협회의 주치의인 이안 맥커디Ian McCurdie 박사는 2012년 런던 올림픽 기간 동안 영국 선수들이 질병을 예방하려면 경쟁 선수들과 악수하거나 고위 인사들을 방문하는 것을 피하는 것이 좋다는 제안을 해 국제적인 화제가 되었다.[25] 2018년 짐바브웨Zimbabwe에서 콜레라가 발생한 이후, 데이비드 파리레냐트와David Parirenyatwa 보건아동복지부 장관은 장례식에서 악수하지 말 것을 촉구하며 어쩔 수 없는 경우라면 주먹이나 팔꿈치 맞대기로 인사할 것을 제안했다.[26] 2014년 라이베리아Liberia에서 에볼라 전염병이 절정에 달했을 때, 에볼라 감염 지역의 많은 주민들은 악수하고 손을 떼면서 손가락을 스냅하는 심지어 아주 큰 소리를 내는 것을 자랑스러워 할 정도였던 라이베리아 특유의 악수인 손가락 스냅을 포기했다.

이 모든 사건은 악수가 얼마나 회복력이 있는지를 보여준다. 악수는 18세기 필라델피아에서 사라졌지만, 살아남아 1918년 애리조나에서 금지되었고, 앤서니 파우치Anthony Fauci는 100년이 지난 지금에도 다시 악수를 금지하고 있다. 로마제국 시절 턱에 생기는 곰팡이균 감염병인 멘타그라Mentagra는 분명히 피해야 할 것 같지만, 21세기에도 우리는 여전히 서로에게 키스한다(이탈리아 사람들은 꼭 키스한다). 라이베리아에서는 에볼라 백신이 출시되면서(다른 전통 인사관습들과 함께) 악수가 다시 등장했다. 어떤 압력으로 인해 우리의 행동은 변하지만, 영원히 지속되는 것은 아니다. 죽음이나 심각한 질병에 대한 즉각적인 두려움만이 악수에 대한 욕구를 억제할 수 있다 — 그마저도 일시적인 현상일 뿐이다.

더러운 손 좀 치워요

개인 안전과 관련해 일부 잘못된 결정을 내리는 인간의 성향을 고려하더라도, 악수 반대 로비가 이 점에서 절대적으로 옳다는 점을 감안하면 악수의 회복력은 다소 놀랍다. 우리 손에는 박테리아가 가득하고, 악수는 한 사람에서 다른 사람으로 박테리아를 옮기는 특히 좋은 방법이다. 손은 박테리아와 바이러스를 전달하는 멋진 수단인 것이다. 사람과 사람 사이에 화학 신호를 보내 의사소통을 돕는 손은 박테리아와 바이러스를 옮기는 데에도 똑같이 효과적인 것으로 밝혀졌다.

우리 손에 박테리아와 바이러스가 있다는 사실을 입증하는 과학 문헌은 요약이 불가능할 정도로 광범위하지만, 간략하게 설명해보려고 한다. 우리 피부의 미생물 생태계는 수십억 개의 박테리아로 구성되어 있다 — 한 과학 연구에 따르면[27] 1cm² 당 '최대 천만 개의 박테리아'가 있다고 한다 — 그렇게 많은데도 불구하고 대부분은 무해하거나 심지어 유익한 세균이다. 하지만 우리가 가지고 다니는 세균뿐만 아니라 표면, 물체, 다른 사람, 스스로를 만지면서 묻어오는 세균도 있으니, 우리가 세상과 상호작용하는 매개체인 손은 특히 세균이 넘쳐나는 환경이다. 대부분 사람의 손바닥에 150종 이상의 세균이 있으며, 심지어 바이러스와 곰팡이도 있다.[28]

박테리아와 바이러스는 최초 접촉 후 한동안 손에서 죽지 않고 살아남는다는 증거가 많다. 일반 감기를 유발하는 라이노바이러스rhinovirus는 특히 강한 생존력으로 접촉 후 3시간 이후에도 처음 바이러스의 50퍼센트에서 100퍼센트가 손에 남아있다. 인플루엔자 바이러스의 경우 그 정도로 강하지는 않지만, 연구 결과에 따르면 30분에서 1시간 동안 생존할 수 있는 형태로 손에 남아있는 것으로 알려졌다.[29] 콧물이 있는 경우 다른 손이나 표면으로 전염될 가능성이 특히 높다. 1947년의 한 연구에 따르면 '용혈성 연쇄상구균[특히 폐렴을 일으키는 흔한 박테리아]의 비강 보균자의 손 그리고 이 보균자와 악수한 사람의 손을 통해 일반적인 악수만 해도 수백 개에서 무려 49,900개의 병원균이 전염될 수 있다. 멸균 손수건에 방금 코를 푼 보균자가 가장 많은 병원균을 퍼뜨렸다.'고 한다. 마찬가지로 손에 대고 기침할 때 나오는 점액과 타액이 섞인 '가래'가 있을 때 더 많이 전염되는 것으로 보인다.[30]

병에 걸리지 않으려면 a) 손을 씻고(알코올 젤이 아닌 비누와 뜨거운 물로) b) 다른 사람의 손을 만지지 않아야 한다는 것은 비교적 당연하다. 특히 악수는 아마도 피해야 한다. 다른 연구에 따르면, 악수와 비교했을 때 '하이 파이브' 손바닥 치기를 하면 박테리아 전염이 50% 줄어들었고, 주먹 맞대기를 하면 80~90% 줄어들었다고 한다. 힘차게 악수하면 훨씬 더 많이 박테리아가 퍼진다.[31] (이 연구에는 바이러스는 빼고 박테리아 전염만 포함되었다는 점을 간과해서는 안된다 — 물론 같은 효과가 나타났을 것이라고 생각해도 무방하다.) 더 위생적인 대안인 주먹 맞대기에 대한 데이터는 논란의 여지가 있다.[32] 추가 연구(항생제 내성 세균MRSA에 대한 연구)에 따르면, 주먹 맞대기가 악수보다 유의한 수준에서 더 좋다고 볼 수는 없지만, '접촉 면적을 손마디 하나로 줄인 변형된 주먹 맞대기를 하거나 악수 전에 환자 손에 위생 조치를 취한 경우에는 전염이 현저히 줄어들었다'는 사실이 밝혀졌다.[33] 손마디 하나만 터치하는 것을 진짜 '변형된 주먹 맞대기'라고 부를 수 있는지 의아스러울 것이다. 그 정도라면 아무 것도 아니고 힘들일 필요도 없다.

재미있는 사실은 악수를 피하는 대부분의 제안은 여전히 사람들과 접촉하고 가까이 다가가는 것이 포함된다는 점이다. 병원 내 '악수 금지 구역'에서 일하는 의사들은 어깨를 만지거나 팔꿈치 인사로 악수가 주는 동일한 친밀감과 신뢰감을 조성하려고 노력해왔다. 어떤 면에서 악수의 가장 강력한 도전자인 팔꿈치 맞대기는 2006년 조류 독감이 유행할 때 WHO에 의해 전 세계적으로 처음 도입되었다(이전에는 에볼라 퇴치를 위해 사용되기도 했다). 팔꿈치 인사는 《뉴욕 타임즈》The New York Times의 기사를 통해 대중에게 처음 등장했다. '힘찬 악수, 격식 차린 인사와 에어키스air kiss(입을 오므리고 그 밑에 손을 댄 채로 키스하는 제스처를 취하는 것-옮긴이)를 생각해 낸 사회 중재의 신들이여, 새로운 유행의 신 "팔꿈치 맞대기"의 최고 옹호자인 WHO를 맞이하라'[34]는 기사를 통해서였다. 버락 오바마는 일찍부터 팔꿈치 인사를 했다.

팔꿈치 맞대기의 매력은 아마도 《뉴욕 타임즈》 기사의 설명처럼 '몸을 자유자재로 부릴 수 있는 곡예사라야 팔꿈치에 재채기를 할 수 있다'는 사실 때문일 것이다 — 주먹 맞대기와 마찬가지로 위험을 관리하면서 신체 접촉이라는 중요한 요소를 오롯이 담고 있다. 하지만 사람들은 이러한 식의 악수를 그다지 좋아하지 않는 것 같다. 감염 확산을 관리하려는 강한 동기를 가진 의사조차도 악수 제의를 거절하면 '무례하게' 보일까 봐 걱정하고, 환자와의 관계가 어려워질까 봐 걱정했다.[35] 일부 환자들은 건강 때문에 악수를 피하는 것을 받아들이는 것처럼 보였지만, 악수의 대안들을 맘에 들어 하지는 않았다. 한 여론조사에서 응답자들은 주먹 맞대기는 '공격적인 행동'으로 오인되기 십상이고 '어리석은 생각이니 손이나 씻으라'고 답했다.[36]

    문제는 악수가 아니라 악수하는 사람의 위생 상태가 좋지 않다는 점이라는 주장은 타당하다. 결국 여전히 더러운 손으로 문을 여는 등의 행위를 한다면, 악수를 피한다고 사회를 보호할 수 있는 게 아니다. 안타깝게도 나쁜 소식은 우리가 악수를 중단하는 것보다 손 씻기를 제대로 하지 않는다는 점이다. 2017년 한 글로벌 연구에 따르면, 용변을 본 후 손 씻는 사람은 겨우 19% 정도에 불과하다고 한다.[37] 결과에 편차는 존재한다. 예를 들어 여성이 남성보다 손 씻기를 훨씬 더 잘 준수하는 것으로 보이며, 깨끗한 물과 비누에 대한 접근성은 전 세계적으로 차이가 있다.[38] 아무튼 일반적으로 우리는 손 씻기를 잘 하지 않는다. 화장실에 다녀온 후 손을 씻어야 하는 이유는 매우 분명하다. 사람들은 술집에서 땅콩에 묻은 오줌에 대한 연구가

진짜인지 아니면 도시 속 전설인지 종종 궁금해한다. 사실 생각보다 더 심각하다. 《이브닝 스탠다드》Evening Standard의 기자들이 런던의 술집에서 제공하는 스낵을 검사해본 결과, '이 샘플은 배설물에 오염되지 않았다'라고 말할 수 있는 경우는 일부에 국한되었다.[39] 그래서… 땅콩에 똥이 묻어 있다는 얘기다. 내 친구가 화장실 칸에서 뛰어나오더니 곧장 문을 향해 뛰어가던 모습이 생각난다. '야, 손 좀 씻어'라고 내가 뭐라하자, 나를 보며 '그냥 오줌'인데라고 했다. 아, 뭐 그냥 소변이니까 상관 없잖아. 그냥 넘어가자. 그런데 그 친구 때문에 땅콩에 뭐가 묻은 걸지도 모른다.

그래서, 코로나19로 악수의 종말이 온 걸까? 내 생각에는 특정 기간에 발생한 유일한 대규모의 치명적인 전염병 — '100년에 한 번 있는 유일한 전염병' — 이라면 증거는 아주 명백하다. 악수가 다시 돌아올지 여부가 아니라 언제일지가 관건이다. 악수는 지저분하고, 건강에 해롭고, 심지어 금지될 수 도 있다 — 그러나 당장의 압력이 사라지면, 악수는 되돌아 온다. 항상 그랬다. 지칠 줄 모르는 끊임없는 부활, 그 엄청난 회복력은 악수가 우리에게 얼마나 중요한지를 나타내는 증거이다. 악수의 힘과 제스처로서의 보편성, 그리고 우리의 생물학적 본성과 깊은 연관성이 있다는 사실을 여실히 보여준다.

에필로그

그렇다면 악수의 다음 단계는 무엇일까? 한동안 사람들은 악수가 사라질 위기에 처했다고 생각했고, 가장 긍정적이고 유용한 제스처인 악수를 여전히 비방하는 사람들도 있다(파우치 박사님, 다시는 악수하지 않게 될 것이라며 애석해 하셨죠?). 하지만 이 책을 쓰고 있는 지금, 런던이 봉쇄되고 전 세계적으로 사회적 거리두기 조치가 여전히 확고하게 시행되고 있는 상황에서도 악수의 죽음을 목격하고 있다고 생각하지 않는다. 우리가 보고 있는 것은 기껏해야 혼란일 뿐이다.

또 다시 — 1793년 필라델피아에서 1894년 바쿠까지 — 악수와 다른 접촉을 기반으로 하는 인사법이 질병, 유행병, 전 세계적인 전염병으로 인해 사라지는 것을 보았다. 하지만 악수는 영원히 사라진 것이 아니라 몇 번이고 다시 부활하는 것을 목격한다. 물론 일부에서는 우리가 지속적이고 반복적인 질병의 공격으로 신체 접촉 기반 인사의 전통이 사라질 수도 있는 '팬데믹 시대'Age of Pandemic에 접어들 것이라고 추측하기도 한다. 하지만 그런 증거는 보이지 않는다 — 결국 스페인 독감 이후 100년의 시간이 흘렀다는 점을 생각해볼 때 치명적인 전염병은 이미 지나갔다 — 하지만 지금이 팬데믹 시대라면, 인간은 깊게 뿌리 박힌 행동을 분명히 바꿀 수 있다. 사회는 궤적을 따라 계속 변화하는 거대한 문화적 변화를 일으킬 수 있다 — 여러 복합적인 상황과 사건에 따라 부가적인 효과가 나타날 수 있다. 여성 해방이 그랬고, 여성이 대규모로 노동에 참여했던 2차 세계대전 중 여성 참정권 운동이 급진적 변화로 꽃을 피운 방식이 그러했다.

악수와 동일한 효과가 있지만 치명적인 질병에 걸릴 위험은 없는 제스처와 인사법이 있다면 진정한 도전자로 어떤 변화를 만들어낼 수 있을 것이다. 그래서 공정한 청문회를 위해 악수를 대신할 수 있는 가능한 대안을 한 자리에 모았다. 다음은 여러분이 할 수 있는 악수의 대안이다:

에필로그

인사법	설명	장점	단점
주먹 맞대기	주먹 맞대기 인사는 모르는 사람이 없다. 아마도 버락 오바마가 주먹 맞대기를 좋아하는 것으로 유명하다. 2008년 대통령 후보로 지명되었던 민주당 전당대회에서 자신의 아내 미셸과 처음으로 선보인 주먹 맞대기는 대선으로 이어졌고 오바마의 상징처럼 되었다.	전염 가능성 하락. 오바마의 주먹 맞대기 인사를 본, 폭스 뉴스 앵커는 '테러리스트의 주먹질'로 보일 수 있다고 말했는데… 정말… 바보인지 확인하는 검사도 된다.	일부 의료진들이 한동안 신체접촉을 적게 할 수 있다(그래서 덜 비위생적이다)고 추천했지만, 코로나19를 생각하면 여전히 접촉은 접촉이다.

팔꿈치 맞대기	팔꿈치를 쓰면 되는데 왜 땀에 젖은 손바닥을 쓰는 걸까?	악수 대체품 중 가장 긍정적인 홍보를 한다 — 악수처럼 보이지만 자세히 살펴보면 그렇지 않다. 기본적으로 짝퉁 디자이너 핸드백 같다, 진품이 아니라는 것을 금방 알아차릴 수 있지만 아마도 더 좋다.	팔꿈치에 접촉 수용체가 많지 않다. 아마도 그래서 구석기 시대에 팔꿈치 맞대기 인사를 하지 않았을 것이다. 게다가 악수할 때보다 서로 더 가까이 다가가야 한다! 세계보건기구가 악수를 대신하는 최고의 인사법으로 택한 것이 이제는 공식적으로 사회적 거리두기 규칙을 위반하고 있다는 점이 흥미롭다. 그리고 솔직히 말해, 헴스워스 Hemsworth 형제 중 한 명이 온다고 들었는데, 루크Luke가 오는 셈이다. (음, 괜찮긴 한데… 크리스Chris 아니면 리암Liam일거라 기대한 건 아닌지)

에필로그

우한 악수	한 발을 상대방의 발에 대거나 상대방의 양쪽 발을 연속으로 가볍게 치기	팔꿈치 맞대기보다 조금 더 거리가 생기고 아주 재미있다.	아랍문화에서 발로 하는 것은 무시를 뜻한다 - 따라서 모두에게 적용할 수 있는 인사로 볼 수 없다. 또한 피터 크라우치(2미터 키 장신의 영국 축구선수-옮긴이)와 스티븐 머천트(보통 신장의 유명 코미디언-옮긴이)가 우연히 만나는 것이 아닌 한 여전히 2미터 거리두기를 할 수 없다.
와칸다 악수	영화 블랙팬더Black Panther에서 처럼, 주먹을 꽉 쥐고 팔을 가슴 위로 교차한다.	지구가 아닌 다른 (더 좋은) 우주에서 온 인사라 열정적이다. 그리고… 멋지다.	뉴욕이나 월 스트리트에서 이런 인사하는 걸 보기 어렵다.
영국 왕실 인사	제인 오스틴 각색 작품이라면 이 인사법을 찾을 수 있다.	사회적 격리 규칙에 알맞다… '차려입은 듯한' 느낌이 든다.	고도로 성별화된 너무나 불평등했던 시대가 떠오른다. '평등에 대한 헛수고는 지겹다'고 흉내내는 것이다.

모자 끝 잡기	중절모 유행을 즐겼지만 이제는 중절모로 뭘 해야 할지 모르는 이들을 위한 인사	모자가 여러 개 있다.	모자가 필요하다. 기껏해봐야 조금 괴짜처럼 보일 수 있고, 최악의 경우 일상적인 대화에서 '생각건대' 그리고 '장관이다' 같은 말을 쓸 수 있는 자격을 준다.
일본식 인사	허리 높이부터 인사한다.	일본사람이 잘난 척하는 것으로 유명하다면 실제 그렇지 않지만, 이런 인사를 바로 지금 이 시대에 엄청나게 많이 보여줄 것이다. 동아시아 지역의 수많은 노터치 인사법처럼 코로나 시기에 너무나 적합한 인사법이다.	일본 문화와 너무 연관된 듯 해서 전 세계적으로 받아들여지기는 어렵다 — 이 인사법은 아랍 문화권에서는 굴복하는 것처럼 여겨져 제대로 와닿지 않을 것이다.

에필로그

블랙 파워 경례	블랙파워(흑인 인권 및 정치력 신장을 위한 운동-옮긴이), 우수성 그리고 연대를 위한 강력한 메시지를 담고 있다. 이 인사는 흑인의 결속에 대한 것이기 때문에, 흑인이 아닌 경우, 그런 의미가 희석되어서는 안된다는 점을 명심해야 한다. BLM(흑인에 대한 폭력과 인종차별을 반대하는 운동-옮긴이)에 최적이다.	멋지다. 1968년 올림픽에서 블랙 파워 경례는 아직도 소름 돋는다.	테스코Tesco에서는 하지 않는 게 좋다.
셀카	자신과 악수하기(중국의 전통 인사와 약간 비슷함). 스티븐 콜베어Stephen Colbert(미국의 유명 코미디언, The Colbert Report 진행자로 명성을 떨쳤다-옮긴이)가 추천했다.	안무 요소까지 악수하는 것과 비슷하며, 계속 연습할 수 있다!	봉쇄조치 덕분에 자기 신체를 터치하는 게 지겨울 것이다.

샤카 싸인	주먹을 쥐고, 엄지와 새끼손가락은 편다. 그리고 흔든다.	하와이 그리고 서퍼 문화와 연관있다 — 문자 그대로 번역이 안 되지만, 인사부터 우정에 이르기까지 모든 것을 의미한다. '느낌'이 담긴 인사로 긍정적이고 밝은 느낌을 준다.	비 오고 흐린 런던이나 버밍엄에는 잘 맞지 않을 수 있다.
재즈 핸드	손을 벌려 가슴 옆에 두고 힘차게 흔든다.	풍자 잡지인 《브로드웨이 비트》 Broadway Beat를 인용하자면, '이렇게 치명적인 질병에서 세상을 구하겠다는 어떤 희망을 품는다면, 그것은 분명 멋지고 표현력이 풍부하게 담긴 움직임과 함께이어야 한다.'	기분이 별로 좋지 않으면, 이 인사를 제대로 할 수 있는 에너지를 모으기 어렵다.

물론, 여기에 소개한 것 중에서 악수를 대신할 수 있는 도전자를 찾는 경기라면, 승자를 선발하기란 쉽지 않을 것이다. 이 경기에 아주 특출한 능력이 필요해서가 아니라, 그 어떤 것도 지난 7백만 년 동안 해마다 우승을 놓친 적이 없는 전년도 우승자를 상대할 수 없기 때문이다. 상대가 없다는 것이 놀라운 일도 아니다.

악수에는 약점이 있다. 비위생적이고 때로는 기대와 무의미한 규칙으로 가득하기도 하다. 악수를 잘못하면 당황스러울 수 있다. 하지만 코로나19가 우리에게 가르쳐 준 것이 있다면, 접촉이 중요하다는 사실이다 — 그리고 접촉에 대한 충동은 우리의 DNA 깊은 곳에서 비롯된 것일 수 있다. 접촉의 기본으로 악수만큼 효과적인 것은 없다. 악수를 통해 화학신호를 전달하고, 신뢰를 구축하고, 신속하고 보편적인 제스처를 취하고, 동의, 단결, 수용이라는 긍정적인 신호를 보낼 수 있다. 평등과 존중을 상징하는 악수의 문화적 정체성은 전 세계에서 다양하고 독특한 형태의 악수와 더불어 경축할 일이다. 악수의 모든 사례 — 손가락 스냅부터 비즈니스에서의 가치, 역사적 의미, 침팬지의 사용까지 — 에서 우리는 악수가 다재다능하고, 긍정적이며, 유용한 제스처라는 점을 높이 평가해야 한다. 악수가 없었다면 인류의 역사는 너무 다른 모습이었을 것이다.

내가 정말 존경하는 코미디언 스티븐 콜베어Stephen Colbert의 말을 인용하자면, 다른 코미디의 거장인 제리 사인펠드Jerry Seinfeld와 악수의 죽음에 대해 이야기하면서 이렇게 말했다: 우리가 백신을 접종하면 '엄청나게 몸을 비벼댈 겁니다.' 악수만큼 우리 문화와 생물학, 그리고 아마도 DNA에 깊숙이 자리 잡고 있는 그 어떤 것도 정말 솔직히 말해서 결코 사라지지 않을 것이다. 악수의 여정이 평탄할 것이라는 뜻은 아니다. 남자와의 첫 포옹과 악수가 초현실적이어서, 안절부절못하던 느낌과 내 손의 모든 촉각 수용체에 대한 과잉 자각으로 어쩔 줄 몰라 하던 기억이 난다. 여러분에게도 비슷한 일이 생길지 모른다. 코로나19 이후 처음 몇 번의 악수는 잊을 수 없는 감각적 경험이 될 것이다. 하지만 그런 악수를 하며 황홀해할 것이다. 나는 이 글을 방역 4단계 상황에 놓인 런던에서 2020년 크리스마스에 쓰고 있다. 누군가와 악수한 지 약 8개월이 지났다. 지금은 이런 상황이 말이 된다 — 악수할 때가 아니다 — 하지만 코로나 위기가 끝나면, 나는 낯선 사람과 악수할 뿐만 아니라 회의 내내 꼭 붙들고 있는 이상한 사람이 될 것이다. 우리 중 누군가는 악수를 위해 오랫동안 기다렸고 악수의 대안을 찾아 많은 시간을 보냈다. 분명히 말하지만, 그 무엇도 악수를 대신할 수 없다.

에필로그

감사의 말씀

2020년 말, 악몽의 스케줄이라고밖에 표현할 수 없는 3주의 시간을 보냈다. 이 책을 마무리 지어야 했고, TV 시리즈 두 개에다가… 치과 치료를 받고 나서 초주검 상태였다. 유니버시티 칼리지 런던University College London Hospital 병원의 모든 분들, 특히 아드리안 패로우Adrian Farrow 선생님과 동료 선생님들께 정말 어떻게 감사의 말씀을 드려야 할지 모르겠다. 귀하의 배려를 결코 잊을 수 없다 ― 응급 수술 전에 퇴원할 방법을 협상하고, 중요한 마감일을 마치고 나서 돌아오겠다고 약속했을 때 여러분의 표정을 어찌 잊을 수 있을까? 여러분과 우리 NHS(영국의 공공 의료서비스-옮긴이), 그리고 내가 있던 병동의 다른 환자들에게 깊은 감사를 전합니다. 여러분의 배려와 사려깊은 관심에 감사드린다.

이 책이 엉망이라면, 나의 옛날 치과 의사 탓이다. 이 책이 괜찮다면, 편집자 덕분이다. 내가 아팠을 때, 세실리 게이포드Cecily Gayford는 마무리를 위해 정말 최선을 다했다. 감사할 따름이다. 짧고 촉박한 일정에도 이 책이 세상에 태어날 수 있도록 온갖 열정을 쏟은 프로필 북스Profile Books 출판사의 팀원들, 그레엄 홀Graeme Hall, 쇼나 아비얀카Shona Abhyankar 그리고 이 책의 교열 편집을 맡은 린덴 로슨Linden Lawson에게도 깊은 감사의 말을 전한다.

첫 번째 봉쇄 조치가 시작되면서 나는 소말릴랜드(소말리아를 포함한 동아프리카의 해안 지역-옮긴이), 이라크 및 각 지역에서 진행 중이던 TV 프로젝트와 탐험에서 바로 그리고 당연히 배제되었다. 악수에 관한 책 아이디어를 처음으로 제안해 준 문학 에이전트 줄리언 알렉산더Julian Alexander와 이 책에 대해 이야기해보자고 제안한 TV 에이전트 소피 로리모어Sophie Laurimore에게도 감사한 마음을 전한다. 놀랍도록 딱 맞아 떨어지는 '감금 프로젝트'였다. 내가 아팠을 때 에이전시와 함께 온갖 궂은일을 도맡으며 나의 모자란 부분을 모두 챙겨준 홍보 담당자

안나 페니Anna Penney에게도 고마운 마음을 전한다.

내 문학의 대부인 댄 스톤Dan Stone과 글쓰기 친구이자 나의 버팀목인 제시카 크램프Jessica Cramp. 이들이 없었다면 책 쓸 동기를 갖지 못했을 것이다. 조 음신다이Joe Msindai박사, 페기 브라운Peggy Brown박사, 안나 웨스트랜드Anna Westland, 폴 우렌다Paul Urenda와 리즈 페어브라더Liz Farebrother는 많은 도움은 물론이고 연구에 필요한 통찰력을 불어넣어 주었다. 물론 이 책은 수백 명의 연구자들의 연구와 결론이 없었다면 불가능했을 것이다. 그들의 땀과 수고, 때로는 평생을 바친 연구에 경외심을 품고 이 책을 위한 논거를 마련할 수 있었다.

같이 사는 레이철 사이크스Rachael Sykes는 코로나 봉쇄 기간을 함께 견딘 파트너였고, 이 책에 대한 나의 열정이 식어갈 때 그녀의 열정이 절실히 필요했다. 봉쇄와 집필 휴양 사이에서 풍경의 변화가 필요할 때 스위스 알프스에 있는 자신의 오두막을 열어준 브리기테 살로몬Brigitte Salomon의 우정에 고마움을 전하고, 그 계곡을 소개해 준 앨리슨 랭글리Alison Langley도 잊을 수 없다. 엘리 테일러Ellie Taylor가 책을 집필하던 같은 시기에 나도 첫 책을 집필하게 되어 정말 기뻤다. 사랑스럽고 든든한 친구이며… 내가 무엇을 하든 엘리는 어린 아기를 돌보면서도 해낼 수 있다는 것을 항상 보여주었다.

때때로 꽃과 브라우니를 곁들여 도움과 지원과 격려를 아끼지 않은 제인 메리어트Jane Marriott, 애쉬 자베드Ash Javed, 레이첼 수하미Rachel Souhami, 캐슬린 브라이슨Kathleen Bryson박사, 마들렌 풋Madeleine Foote, 톰 데일Tom Dale, 카를로스 수아레스Carlos Suarez, 수지 스티드Susie Steed 그리고 루이자 러브럭Louisa Loveluck. 친절한 말과 덕담을 해준 모든 친구, 동료, 온라인상의 낯선 분들께도 감사를 전한다.

마지막으로, 우리 할머니, 나의 사촌들 바라 시반Baraa Shiban
그리고 나자 알무자히드Najah Almujahid, 시누이 두아 알토라야Duaa Altholaya, 사랑하는 우리 부모님과 '나의 전부'인 형제 아사드Assad, 아부바커Abubakr, 아야Aaya 그리고 엄마 같은 나의 큰 언니 아스마Asma — 모두 사랑하고 얼른 모두 안아주고 싶다. 너무 오래되었고, 너무 힘들었다.

감사의 말씀

참고문헌

서문

1. Bryan Lufkin, 'Will Covid-19 end the handshake?', BBC, 14 April 2020, https://www.bbc.com/worklife/article/20200413-coronavirus-will-covid-19-end-thehandshake
2. Amy Gunia, '"I don't think we should ever shake hands again." Dr Fauci says Coronavirus should change some behaviors for good', Time, 9 April 2020, https://time.com/5818134/anthony-fauci-never-shake-hands-coronavirus/
3. Many thanks to my editor, Cecily Gayford, for coining the phrase 'unit of touch'.
4. 'Daily question', YouGov, 16 March 2020, accessed 7 January 2021, https://yougov.co.uk/topics/health/survey-results/daily/2020/03/16/abde6/3

1. 기원: 악수는 어디서 시작했는가?

1. The 1928 Sugar Expedition in New Guinea by the US Department of Agriculture was led by E. W. Brandes. For the image see p. 53 and figure 5 of Joshua Bell, 'Sugar plant hunting by airplane in New Guinea', Journal of Pacific History 45 (3 June 2010), pp. 37–56, https://doi.org/10.1080/00223344.2010.484166. Additional information: the Smithsonian archive, https://

sova.si.edu/record/NAA.PhotoLot.91-8?s=0&n=10&t=A&q=Sugarcane&i=1. The sixty-four-minute film can be found in the Smithsonian Institution's Human Studies Film Archives, Suitland, MD, and is a silent 35mm black-and-white film called Sugar plant hunting by airplane in New Guinea.

Brandes wrote a book titled Into Primeval Papua by Seaplane: Seeking Disease-Resisting Sugar Cane Neolithic Man Found in Unmapped Nooks of Sorcery & Cannibalism (Washington: National Geographic, 1929).

2. 'Sir David Attenborough greets a group of cannibals', Snotr, accessed 7 January 2021, https://www.snotr.com/video/11354/Sir_David_Attenborough_greets_a_group_of_cannibals. Also see Richard Luke, 'David Attenborough', Esquire Middle East, 24 April 2014, accessed 7 January 2021, https://www.esquireme.com/culture/what-ive-learned/what-ive-learneddavid-attenborough.It is not clear what language Attenborough uses to communicate, but while describing it he tells it as if they speak 'pidgin' English. This seems unlikely given the colonial history and the remoteness of the tribes; it was also, and still is, common amongst some to recount stories that involve tribes as if their language is 'pidgin' English, even when a translator is actually the means of communication.

3. Irenäus Eibl-Eibesfeldt, Love and Hate: The Natural History of Behavior Patterns (New York: Aldine De Gruyter, 1996).

4. From here on, 'chimps' in the text refers to both common chimpanzees and bonobos.

5. Many thanks to Dr Cat Hobaiter at the University of St Andrews for this research and for sharing her findings with me even though not all of them had been

published at the time of writing this book.

6. Joyce Poole, 'Visual communication', Elephant Voices, accessed 7 January 2021, https://www.elephantvoices.org/elephant-communication/visual-communication.html

7. Christine Dell'Amore, 'Venomous primate discovered in Borneo', National Geographic, 15 December 2012, accessed 7 January 2021, https://www.nationalgeographic.com/news/2012/12/venomous-primate-discovered-in-borneo/

8. Michio Nakamura, 'Grooming-hand-clasp in Mahale M Group chimpanzees', in Christophe Boesch et al. (eds), Behavioural Diversity in Chimpanzees and
Bonobos (Cambridge: Cambridge University Press, 2002), pp. 71–89.

9. Frans de Waal, The Bonobo and the Atheist (New York: W. W. Norton & Company, 2013).

10. Eibl-Eibesfeldt, Love and Hate.

11. Rob Dunn, 'Sick people smell bad: Why dogs sniff dogs, humans sniff humans, and dogs sometimes sniff humans', Scientific American, 15 January 2015,
accessed 8 January 2021, https://blogs.scientificamerican.com/guest-blog/sick-people-smell-bad-why-dogs-sniff-dogs-humans-sniff-humans-anddogs-sometimes-sniff-humans/

12. Paula Jendrny et al., 'Scent dog identification of samples from COVID-19 patients – a pilot study', BMC Infect Dis 20, 536 (2020), https://doi.org/10.1186/s12879-020-05281-3

13. Biagio D'Aniello et al., 'Interspecies transmission of emotional

information via chemosignals: From humans to dogs (Canis lupus familiaris)', Anim
Cogn 21, pp. 67-78 (2018), https://doi.org/10.1007/s10071-017-1139-x

14. Aras Petrulis, 'Chemosignals, hormones and mammalian reproduction', Hormones and Behavior 63, 5 (2013), pp. 723-41, doi:10.1016/j.
yhbeh.2013.03.011

15. D. Chen and J. Haviland-Jones, 'Human olfactory communication of emotion', Perceptual and Motor Skills 91, 3, Pt 1 (2000), pp. 771-81, doi:10.2466/pms.2000.91.3.771; Jasper de Groot et al., 'Chemosignals communicate human emotions', Psychological Science 23, 11 (2012),
pp. 1417-24, accessed 8 January 2021, http://www.jstor.org/stable/23484546; Jasper de Groot et al., 'A sniff of happiness', Psychological Science 26, 6 (June 2015), pp. 684-700, https://doi.org/10.1177/0956797614566318

16. Chen and Haviland-Jones, 'Human olfactory communication of emotion'.

17. Shani Gelstein, 'Human tears contain a chemosignal', Science 331, 6014 (14 January 2011), pp. 226-30, doi:https://science.sciencemag.org/content/331/6014/226

18. Idan Frumin, 'A social chemosignaling function for human handshaking', ELife 4 (3 March 2015), E05154, https://elifesciences.org/articles/05154; Gün Semin and Ana R. Farias, 'Social chemosignaling: The scent of a handshake', ELife 4 (3 March 2015), E06758, doi: https://elifesciences.org/articles/06758

19. Ashley Fetters, 'The exceptional cruelty of a no-hugging policy', The Atlantic, 20 June 2018, accessed 8 January 2021, https://www.theatlantic.

com/
family/archive/2018/06/family-separation-no-hugging-policy/563294/

20. There is a direct correlation between higher oxytocin levels in a mother in the first trimester of pregnancy and an increase in mother–child bonding behaviours
like singing or bathing the child. Dads who received a nasal squirt of oxytocin could also be shown to increase their father–child bonding behaviours.

21. Carsten de Dreu et al., 'Oxytocin promotes human ethnocentrism', PNAS 108, 4 (25 January 2011), pp. 1262–6, https://doi.org/10.1073/pnas.1015316108

22. Paul Zak, 'The power of a handshake: How touch sustains personal and business relationships', HuffPost, 30 October 2008, accessed 8 January 2021, https://www.huffpost.com/entry/the-power-of-a-handshake_b_129441?guccounter=1; Paul Zak, 'Handshake or hug? Why we touch', Psychology Today, 5 October 2008, accessed 8 January 2021, https://www.psychologytoday.com/us/blog/the-moralmolecule/200810/handshake-or-hug-why-we-touch

23. Michael Lynn, 'Increasing servers' tips: What managers can do and why they should do it', Cornell University, School of Hospitality Administration site
(2005), accessed 8 January 2021, http://scholarship.sha.cornell.edu/articles/98

24. Irenäus Eibl-Eibesfeldt, 'The expressive behaviour of the deaf-and-blind-born', in M. von Cranach and I. Vine (eds), Social Communication and Movement (London: Academic, 1973), pp. 163–94.

25. Colleen Walsh, 'Wither the handshake? Harvard experts weigh in on the origin and fate of the universal greeting', Harvard Gazette, 30 March 2020, accessed
8 January 2021, https://news.harvard.edu/gazette/
story/2020/03/harvard-experts-weigh-in-on-the-fateof-the-handshake/
26. Steve McGaughey, 'Science reveals the power of a handshake', University of Illinois at UrbanaChampaign,Beckman Institute for Advanced Science and Technology, 19 October 2012, accessed 8 January 2021, https://beckman.illinois.edu/about/news/article/2012/10/19/833c5312-07dc-499e-b192-941f95db727b

2. 상징: 악수는 무엇을 의미하는가?

1. As the anthropologist Ethel J. Alpenfels put it, 'man is born with a hand free to do the bidding of his expanded brain'.
2. In Merriam-Webster.com, retrieved 8 January 2020, https://www.merriam-webster.com/dictionary/digit#synonyms
3. Ethel J. Alpenfels, 'The anthropology and social significance of the human hand', Artificial Limbs2, 2 (May 1955), pp. 4-21, found at http://www.oandplibrary.org/al/pdf/1955_02_004.pdf
4. 연구자 폴 쁘띠프와 그의 동료들은 칸타브리아의 엘 카스티요 그리고 라 가마 동굴에 사용된 손 모티프를 조사해 접근이 불편하거나 고산 지역에서 이런 손을 사용하는 것이 얼마나 일반적인지를 살펴보았다. 이러한 손은 동굴의 특징에 대해 매우 실용적인 조언과 경고의 용도로 사용되었을 가능성이 있다. 라 가마 동굴의 커다란 우물 주변에서 손자국이 많이 발견되었다. 여기에 사용된 손자국의 의미를 정확하게 알기는 어렵

다. 그렇게 손을 묘사한 많은 동굴과 암벽 예술에 손가락이 없거나 짧은 손가락이 있는 이유도 정확히 무엇인지 알기 어렵다.

5. Ed Simon, 'When was the first handshake?', JSTOR Daily, 26 January 2019, accessed 8 January 2021, https://daily.jstor.org/when-was-first-handshake/

6. 'Origin of hand-shaking', Coronado Mercury, 1, 157 (8 November 1887), p. 3, but it is attributed to the Rochester Post-Express. However, note that an almost
identical quote is attributed to an 1870s issue of Harper's Weekly by Sam Roberts, 'Let's (not) shake on it', New York Times, 2 May 2020.

7. John Anthony Brinkman, A Political History of PostKassite Babylonia, 1158-722 bc (Rome: Pontificium Istitutum Biblicum, 1968).

8. David Oates, 'The excavations at Nimrud (Kalḫu)', Iraq 24, 1 (Spring 1962), pp. 1-25, https://doi.org/10.2307/4199709

9. John E. Curtis, Henrietta McCall, Dominique Collon and Lamia Al-Gailani Werr (eds), New Light on Nimrud: Proceedings of the Nimrud Conference 11-13 March 2002 (London: British Institute for the Study of Iraq, in association with the British Museum, 2008); Brinkmann, A Political History of Post-Kassite
Babylonia.

10. Homer, The Iliad, translated by Samuel Butler, Book VI, Digireads.com, 2009, http://classics.mit.edu/Homer/iliad.6.vi.html

11. Byron Derries, '"Strange meeting": Diomedes and Glaucus in Iliad 6', Greece and Rome 40, 2 (1993), pp. 133-46, doi:10.1017/S0017383500022749

12. Janet Burnett Grossman, 'Funerary sculpture', The Athenian Agora 35 (2013), pp. iii-246, accessed 3 January 2021, www.jstor.org/stable/26193789

13. G. Davies, 'The significance of the handshake motif in classical funerary art', American Journal of Archaeology 89, 4 (1985), pp. 627-40, http://www.jstor.com/stable/504204

14. G. Herman, Ritualised Friendship and the Greek City (Cambridge: Cambridge University Press, 2002), pp. 50-52, https://books.google.co.uk/books?hl=en&lr=&id=bAPk18UKx_MC&oi=fnd&pg=PR9&dq=king+shalmaneser+handshake&ots=SSwPEvN8ZQ&sig=qWulE52GMNraTs4gKouZiJnVL2I&redir_esc=y#v=onepage&q=handshake&f=false

15. Davies, 'The significance of the handshake motif in classical funerary art'.

16. Ibid.

17. Ibid.

18. J. Burrow, Gestures and Looks in Medieval Narrative, Cambridge Studies in Medieval Literature (Cambridge: Cambridge University Press, 2002), doi:10.1017/CBO9780511483240

19. Ibid.

20. Ibid.

21. Ibid.

22. Dmitri Zakharine, 'Medieval perspectives in Europe: Oral culture and bodily practices', in Cornelia Müller et al. (eds), Body - Language - Communication: An International Handbook on Multimodality in Human Interaction (Berlin: De Gruyter Mouton, 2013), p. 347, available under doi:10.1515/9783110261318.343

23. Frans de Waal, Chimpanzee Politics: Power and Sex Among Apes (Baltimore: The John Hopkins University Press, 1998), p. 82.

24. Lauren Turner, 'Theresa May and the art of the curtsy', BBC Online, 9 August 2018, https://www.bbc.co.uk/news/uk-45126243

25. Stephen W. Angell, 'The end of the Quaker handshake?', Friends Journal, accessed 8 January 2021, https://www.friendsjournal.org/the-end-of-thequaker-handshake/.

26. Michael Zuckerman, 'Authority in early America: The decay of deference on the provincial periphery', Early American Studies 1, 2 (Fall 2003), p. 12.

27. Jeffry H. Morrison, The Political Philosophy of George Washington (Baltimore: The Johns Hopkins University Press, 2009), https://books.google.co.uk/
books?id=f3vfS_uxvrQC&printsec=frontcover&dq=the+political+philosophy+of+george+washington&hl=en&sa=X&ved=2ahUKEwiz3tinwsDrAhV iWhUIHQ7tAXsQ6AEwAHoECAMQAg#v=onepage&q=the%20political%20 philosophy%20of%20george%20washington&f=false p. xiii

28. Conor Cruise O'Brien, 'Thomas Jefferson: Radical and racist', The Atlantic, October 1996, accessed 8 January 2021, https://www.theatlantic.com/magazine/
archive/1996/10/thomas-jefferson-radical-and-racist/376685/

29. Gottfried Korff and Larry Peterson, 'From brotherly handshake to militant clenched fist: On political metaphors for the worker's hand', International Labor
and Working-Class History 42 (Fall 1992), pp. 70–81.

30. William F. Chaplin et al., 'Handshaking, gender, personality and first

impressions', Journal of Personality and Social Psychology 79, 1 (2000), pp. 110-17, https://www.apa.org/pubs/journals/releases/psp791110.pdf

31. 제스처의 의미는 맥락에 따라 달라지며, 뉘앙스가 중요하다. 세상의 일부 지역에서 젊은이들이 노인들에게 동일한 손키스를 사용하며, 이는 존중의 표시이며 또한 모든 의도와 목적을 위해 성 중립적으로 사용할 수 있다.

32. Sheryl N. Hamilton, 'Rituals of intimate legal touch: Regulating the end-of-game handshake in pandemic culture', The Senses and Society 12, 1 (2017), pp. 53-68, https://doi.org/10.1080/17458927.2017.1268821

33. Henry Siddons, Practical Illustrations of Rhetorical Gesture and Action (1807), a manual of gestures designed for English actors that was an adaptation of
a classic earlier text, Ideen zu Einer Mimik (1785), by Johann Jacob Engel of the National Theatre, Berlin.

34. Ibid.

35. Hamilton, 'Rituals of intimate legal touch'.

36. Paul Sendyka and Nicolette Makovicky, 'Transhumant pastoralism in Poland: Contemporary challenges', Pastoralism, 8, 5 (2018), pp. 1-14, https://doi.org/
10.1186/s13570-017-0112-2

37. Elizabeth Griffiths and Mark Overton, Farming to Halves: The Hidden History of Sharefarming in England from Medieval to Modern Times (London: Palgrave Macmillan, 2009).

38. Sheryl N. Hamilton, 'Hands in cont(r)act: The resiliency of business handshakes in pandemic culture', Canadian Journal of Law & Society 34, 2 (2019), pp. 343-60, https://doi.org/10.1017/cls.2019.26

39. Megan Garber, 'Good riddance to the handshake', The Atlantic, 11 May 2020, accessed 8 January 2021, https://www.theatlantic.com/culture/archive/2020/05/good-riddance-handshake/611404/

40. Edmund Morris, The Rise of Theodore Roosevelt (New York: The Modern Library, reprinted edition 2001), p. xxix, https://books.google.co.uk/books?id=uR37GQsVfgC&printsec=frontcover&dq=the+rise+of+theodore+roosevelt&hl=en&sa=X&ved=2ahUKEwjDvdm90sHrAhXAXhUIHcVCC4AQuwUwAHoECAUQBw#v=onepage&q=lightning%20moment%200f%20contact&f=false

41. Cara Giaimo, 'The strange world of political handshakes', Atlas Obscura, 21 October 2016, accessed 8 January 2021, https://www.atlasobscura.com/articles/the-strange-world-of-political-handshakes42. Garber, 'Good riddance to the handshake'.

43. Sam Roberts, 'Let's (not) shake on it', New York Times, 2 May 2020.

3. 핑거 스냅과 페니스 셰이크: 악수, 인사 그리고 문화

1. Frans de Waal describes a chimp who gave a kiss to everyone before leaving in Are We Smart Enough to Know How Smart Animals Are? (London: Granta, 2016), while Jane Goodall's impression was that chimps don't make a fuss and just leave. See Andy Scott, One Kiss or Two? (London: Duckworth Overlook, 2017).

2. Kerry Wolfe, 'The Ancient Roman cult that continues to vex scholars', Atlas Obscura, 13 November 2017, https://www.atlasobscura.com/articles/mithraicmysteries

3. This would presumably be even more apparent in regions with higher population density where the land s better (say, nearer the equator) and it would increase where borders between groups are more clearly defined.

4. Professor Rob Foley in Scott, One Kiss or Two?; also see A. Kendon and A. Ferber, 'A description of some human greetings', in R. P. Michael and J. H. Crook (eds), Comparative Ethology and Behavior of Primates (New York: Academic Press, 1973).

5. Rob Foley and Marta Lahr, 'The evolution of the diversity of culture', Philosophical Transactions of The Royal Society 366, 1567 (2011), pp. 1080–89.

6. Leila I. Given, 'The bacterial significance of the handshake', The American Journal of Nursing 29, 3 (1929), pp. 254–6, https://doi.org/10.2307/3408961

7. K. Dammers, 'Gestures and body language used in public greetings and departures in Addis Ababa', in A. Dohrmann et al. (eds), Schweifgebiete: Festschrift für Ulrich Braukämper (Berlin: LIT Verlag, 2010), pp. 60–65, https://books.google.co.uk/books?hl=en&lr=&id=JNdzweB4ksEC&oi=fnd&pg=PA60&dq=handshake+shoulder+bump+ethiopia&ots=OCPHmx09uK&sig=aFxJLHIgULcmPVhV2SEspBBsPRg&redir_esc=y#v=onepage&q&f=false

8. The frequency of la bise varies according to multiple factors including familiarity, age, gender and class.

9. Roger S. Bagnall et al. (eds), The Encyclopedia of Ancient History (Malden, MA: Wiley-Blackwell, 2013), pp. 3773–5.

10. Preston Phro, 'The importance of "aisatsu" in Japan', Japan Today, 9 October 2013, accessed 8 January 2021, https://japantoday.com/category/features/the-importance-of-aisatsu-in-japan

11. Given, 'The bacterial significance of the handshake'.

12. Larry Powell, Jonathan Amsbary and Mark Hickson, 'The Wai in Thai culture: Greeting, status-marking and national identity Functions', Journal of Intercultural Communication 34 (2014).

13. Irenäus Eibl-Eibesfeldt, Love and Hate: The Natural History of Behavior Patterns (New York: Aldine De Gruyter, 1996); and Roth, H. Ling. 'On Salutations', The Journal of the Anthropological Institute of Great Britain and Ireland 19 (1890): 164-81, accessed January 30, 2021. doi:10.2307/2842067. 엉덩이를 보여주는 것과 '오줌 샤워'는 다양한 영장류들이 사용한다는 것을 잊어서는 안된다. 얼마 전부터 일부 사람들 사이에서 이런 인사법이 사용된다는 점이 흥미롭다.

14. M. J. Meggitt, Desert People: Study of the Walbiri Aborigines of Central Australia (Chicago: University of Chicago Press, 1971), p. 262.

15. Given, 'The bacterial significance of the handshake'.

16. Richard Darwin Keynes (ed.), Charles Darwin's Beagle Diary (Cambridge: Cambridge University Press, revised edition 2001), p. 124, http://darwin-online.org.uk/content/frameset?itemID=F1925&viewtype=text&pageseq=1

17. James Cook, ed. Captain W. J. L. Wharton, Captain Cook's Journal During the First Voyage Round the World, Project Gutenberg EBook, last updated August 2012, chapter 3, Tahiti, accessed 8 January 2021,
https://www.gutenberg.org/files/8106/8106-h/8106-h.htm#ch3

18. Tim McGirk, 'Islanders running out of isolation: Tim
McGirk in the Andaman Islands reports on the fate of the Sentinelese', Independent, 10 January 1993.

19. Htwe Htwe Thein, 'Letter from Burma: Obama's awkward kiss', Guardian, 11 December 2012, accessed 8 January 2021, https://www.theguardian.com/

world/2012/dec/11/letter-from-burma-obama-kiss

20. Yaser Alamoudi, 'Differences in Handshake Perceptions Between American, Japanese, and Saudi Arabia Businesspersons', Masters thesis, Hawaii Pacific University (2010),

21. Derek Sheridan, '"If you greet them, they ignore you": Chinese migrants, (refused) greetings, and the interpersonal ethics of global inequality in Tanzania', Anthropological Quarterly 91, 1(2018), pp. 237-65, doi:10.1353/anq.2018.0007. 이런 종류의 민족지학적 연구는 상당히 드물며, 이런 특별한 사례는 문화가 인사에서 혼란이 발생하게 된 원인 중 하나일 수 있다는 것을 보여준다. 이 경우, 중국과 아프리카의 글로벌 자원 불균형도 한 몫을 했다.

22. Aurelien Breeden, 'No handshake, no citizenship, French court tells Algerian woman', New York Times, 21 April 2018, accessed 8 January 2021, https://www.nytimes.com/2018/04/21/world/europe/handshakecitizenship-france.html

23. Monica C. LaBriola, 'Planting islands: Marshall
Islanders shaping land, power, and history', Journal of Pacific History 54, 2 (2019), pp. 182-98, doi:10.1080/00223344.2019.1585233 https://doi-org.libproxy.ucl.ac.uk/10.1080/00223344.2019.1585233

24. Jyotsna Kalavar et al., 'Intergenerational differences in perceptions of heritage tourism among the Maasai of Tanzania', Journal of Cross-Cultural Gerontology 29 (2014), pp. 53-67, https://link.springer.com/article/10.1007%2Fs10823-013-9221-6

4. 악수의 단계별 가이드

참고문헌

1. 'Firm squeeze and three shakes: Scientists devise formula for the perfect handshake', Mail Online, 16 July 2010, accessed 8 January 2021, https://www.dailymail.co.uk/sciencetech/article-1294962/Scientistsperfect-handshake-formula-Firm-squeeze-shakes.html

2. Cari Romm, 'What a handshake smells like', The Atlantic, 10 March 2015, https://www.theatlantic.com/health/archive/2015/03/what-a-handshake-smells-like/387325/

3. Angus Trumble, The Finger: A Handbook (New York: Farrar, Straus and Giroux, 2010), p. 218.

4. Sheryl N. Hamilton, 'Hands in cont(r)act: The resiliency of business handshakes in pandemic culture', Canadian Journal of Law & Society 34, 2 (2019), pp. 343–60, doi:https://doi.org/10.1017/cls.2019.26

5. Ibid.

6. Angus Trumble, The Finger: A Handbook, p. 218.

7. Hamilton, 'Hands in cont(r)act'.

8. According to Scouts' lore it comes from an encounter between an 'African tribesman' and the founder of the Scouts, Lord Baden-Powell.

9. Ethel J. Alpenfels, 'The anthropology and social significance of the human hand', Artifical Limbs 2, 2 (May 1955), pp. 4–21, http://www.oandplibrary.org/al/pdf/1955_02_004.pdf

10. Darryl P. Leong et al., 'Prognostic value of grip strength: Findings from the Prospective Urban Rural Epidemiology (PURE) study', The Lancet 386, 9990 (2015), pp. 266–73, https://www.thelancet.com/journals/lancet/article/PIIS0140-6736(14)62000-6/fulltext

11. M. Misiak et al., 'Digit ratio and hand grip strength are associated with

male competition outcomes: A study among traditional populations of the Yali and Hadza (2019), https://onlinelibrary.wiley.com/doi/abs/10.1002/ajhb.23321

12. Greg L. Stewart et al., 'Exploring the handshake in employment interviews', Journal of Applied Psychology 93, 5 (2008), pp. 1139-46, https://doi.org/10.1037/0021-9010.93.5.1139

13. Hamilton, 'Hands in cont(r)act'.

14. 악수할 때 그립의 강도와 사냥 능력 간의 상관관계를 보여주는 데이터는 단지 상관성을 보여주는 것이지 원인과 결과를 의미하지 않는다. 아울러 사냥을 잘 하면, 악수할 때 힘을 쓸 수 있는 더 강한 자신감이 생길 수 있는 것은 아닐까?

15. Martin Fone, 'Curious questions: How will we greet each other in a post Covid-19 world?', Country Life, 18 April 2020, https://www.countrylife.co.uk/comment-opinion/curious-questions-how-will-wegreet-each-other-in-a-post-covid-19-world-214405

5. 운명의 손: 역사상 최고의 악수

1. Ella Braidwood, '"Gay plague": The vile, horrific and inhumane way the media reported the AIDS crisis', Pink News, 3 November 2018, https://www.pinknews.co.uk/2018/11/30/world-aids-day-1980s-headlinestabloids/

2. John Phair, 'The antidote for Aids hysteria', Chicago Tribune, 3 April 1986, https://www.chicagotribune.com/news/ct-xpm-1986-04-02-8601240358-story.html. https://www.insider.com/photo-princess-dianashaking-hand-aids-patient-1987-2017-8

3. Interview with John O'Reily, Witness, 5 April 2017, footage available at

https://www.bbc.co.uk/news/av/magazine-39490507

4. Speech given by Ambassador Pamala Hamamoto at the Reagan-Gorbachev memorial handshake, 31 August 2015, https://geneva.usmission.gov/2015/08/31/handshake-that-changed-history/

5. A photo of this handshake can be viewed at the website of the Library of Congress, accessed 8 January 2021, https://www.loc.gov/pictures/item/2005681248/

6. Barbara Maranzani, 'Martin Luther King Jr and Malcolm X only met once', Biography, 12 February 2012, accessed 8 January 2021, https://www.biography.com/news/martin-luther-king-jr-malcolm-x-meeting

7. A photograph of this handshake can be viewed at https://www.smithsonianmag.com/smithsonianinstitution/it-time-reassessment-malcolm-x180968247/; Alison Keyes, 'Is it time for a reassessment of Malcolm X?', Smithsonian Magazine, 23 February 2018, accessed 8 January 2021, https://www.smithsonianmag.com/smithsonian-institution/it-time-reassessment-malcolm-x-180968247/

8. Gerry Moriarty, 'McGuinness holds first private meeting with Queen Elizabeth', Irish Times, 23 June 2013, accessed 8 January 2021, https://www.irishtimes.com/news/politics/mcguinness-holds-first-privatemeeting-with-queen-elizabeth-1.1842706

9. 'Nelson Mandela: Francois Pienaar's memories of Madiba', BBC Sport, 9 December 2013, accessed 8 January 2021, https://www.bbc.co.uk/sport/rugbyunion/25305354; David Smith, 'Francois Pienaar: "When the whistle blew, South Africa changed forever"', Guardian, 8 December 2013, accessed 8 January 2021, https://www.theguardian.com/world/2013/dec/08/nelson-

mandela-francois-pienaar-rugbyworld-cup

6. 파멸의 손: 역사상 최악의 악수

1. Serge-Christophe Kolm, 'Reciprocity: Its scope, rationales, and consequences', in S. Kolm and Jean Mercier Ythier (eds), Handbook on the Economics of Giving, Reciprocity and Altruism (Amsterdam: Elsevier, 2006), volume 1, chapter 6, pp. 371–541, http://www.vcharite.univ-mrs.fr/idepcms/confidep/docannexe.php?id=659

2. Karen S. Cook, 'Social exchange theory', in James D. Wright (ed.), International Encyclopedia of the Social & Behavioral Sciences (Amsterdam: Elsevier, second edition 2015), pp. 482–8, https://www.sciencedirect.com/topics/social-sciences/social-exchange-theory3. Molly McLeod Mirll, 'Vigorous Cold War handshakes: Reviewing Nixon's 1972 China Trip', Masters thesis, University of Central Oklahoma (2007).

4. Haley Bracken, 'Was Jesse Owens snubbed by Adolf Hitler at the Berlin Olympics?', Britannica, accessed 8 January 2021, https://www.britannica.com/story/was-jesse-owens-snubbed-by-adolf-hitler-at-the-berlinolympics

5. Tim Ott, 'How Jesse Owens foiled Hitler's plans for the 1936 Olympics', Biography, 27 December 2018, accessed 8 January 2021; 'Seconds that defied Hitler', BBC Sportsworld, accessed 8 January 2021, https://www.bbc.co.uk/programmes/articles/33GFLsLsZb1V3wnJNRKlPjp/10-secondsthat-defied-hitler

6. Megan Garber, 'Good riddance to the handshake', The Atlantic, 11 May 2020, accessed 8 January 2021,

https://www.theatlantic.com/culture/archive/2020/05/good-riddance-handshake/611404/

7. Douglas Hanks, 'A polite streak broken by Clinton and Trump: Looking back at 40 years of handshakes', Miami Herald, 20 October 2016, accessed 8 January 2021, https://www.miamiherald.com/news/politicsgovernment/election/article109452062.html

8. Olivia B. Waxman, 'A brief history of handshakes at presidential debates', Time, 20 October 2016, accessed 8 January 2021, https://time.com/4538640/handshakepresidential-debates/;

Cara Giaimo, 'The strange world of political handshakes', Atlas Obscura, 21 October 2016, accessed 8 January 2021, https://www.atlasobscura.com/articles/the-strange-world-ofpolitical-handshakes

9. Jonathan Liew, 'Betrayal and bombast: The surreal story of the Terry v Bridge saga', Guardian, 3 May 2020, accessed 8 January 2021, https://www.theguardian.com/football/2020/may/03/betrayal-andbombast-surreal-story-terry-v-bridge-scandal

10. Dan Roberts and Jonathan Watts, 'Smiles all around after Obama's Cuba visit – but which side got more out of it?', Guardian, 24 March 2016, https://www.theguardian.com/world/2016/mar/24/barack-obamacuba-visit-raul-castro-analysis;also Giaimo, 'The strange world of political handshakes'.

7. 종말: 이제 악수는 끝인가?

1. Nick Paton Walsh, 'There is no getting "back to normal", experts say. The

sooner we accept that, the better', CNN, 30 September 2020, https://edition.cnn.com/2020/09/30/health/back-to-normal-bias-wellness/index.html

2. Caroline Davies, 'Elbow-bumps and footshakes: The new coronavirus etiquette', Guardian, 3 March 2020, https://www.theguardian.com/world/2020/mar/03/elbow-bumps-and-footshakes-the-new-coronavirusetiquette

3. Micah Hauser, 'In memoriam: The handshake', The New Yorker, 27 April 2020, https://www.newyorker.com/magazine/2020/05/04/in-memoriam-thehandshake

4. Elian Peltier, 'No handshakes, no new citizens', New York Times, 7 March 2020, https://www.nytimes.com/2020/03/07/world/europe/denmark-coronaviruscitizenship.html

5. Dan Amira, 'Does Donald Trump have a flesh-pressing problem?', New York Magazine, 25 February 2011, https://nymag.com/intelligencer/2011/02/does_donald_trump_have_a_glad-.html

6. Megan Garber, 'Good riddance to the handshake', The Atlantic, 11 May 2020, accessed 8 January 2021, https://www.theatlantic.com/culture/archive/2020/05/good-riddance-handshake/611404/

7. Thucydides, trans. Richard Crawley, The History of the Peloponnesian War (Digireads.com, 2017); see also Leonard C. Norkin, Virology: Molecular Biology and Pathogenesis (Washington: ASM Press, 2010), section called 'Thucydides and the Plague of Athens', https://norkinvirology.wordpress.com/2014/09/30/thucydidesand-the-plague-of-athens/#:~:text=The%20%E2%80%9CPlague%20of%20Athens%E2%80%9D%20was,reemerging%20

there%20in%20425%20B.C.E.&text=The%20Athenian%20historian%2C%20Thucydides%2C%20in,witness%20account%20of%20the%20Plague.

8. Julian Borger, 'Satellite images show Iran has built mass graves amid coronavirus outbreak', Guardian, 12 March 2020, https://www.theguardian.com/world/2020/mar/12/coronavirus-iran-mass-graves-qom

9. John M. Barry, The Great Influenza: The Epic Story of the Deadliest Plague in History (New York: Viking Penguin, 2004), chapter 29.

10. M. Balinska and C. Rizzo, 'Behavioural responses to influenza pandemics: What do we know?', PLOS Currents Influenza 1, 9 September 2009, https://doi.org/10.1371/currents.rrn1037

11. Karen Harvey, The Kiss in History (Manchester: Manchester University Press, 2005), p. 198.

12. Connie Jeffrey, 'Social distancing – medieval style: A petition of the Commons in the Parliament of 1439', The History of Parliament, 14 April 2020, accessed 8 January 2021, https://thehistoryofparliament.wordpress.com/2020/04/14/social-distancing-medieval-style-a-petition-from-thecommons-in-the-parliament-of-1439/; 'Henry VI: November 1439', in Parliament Rolls of Medieval England, ed. Chris Given-Wilson et al. (Woodbridge: Boydell, 2005), British History Online, accessed 8 January 2021, http://wwingmpw.british-history.ac.uk/no-series/parliament-rolls-medieval/november-1439

13. Jeffrey, 'Social distancing – medieval style'.

14. Euan C. Roger, '"To be shut up": New evidence for the development of quarantine regulations in early Tudor England', Social History of Medicine 33, 4 (November 2020), pp. 1077–96, https://doi.org/10.1093/shm/hkz031

15. Julie Miller, 'The yellow fever epidemic: The Washingtons, Hamilton and Jefferson', Federal News Feed Library of Congress Blog, 4 June 2020.
16. Mathew Carey, A Short Account of the Malignant Fever, lately prevalent in Philadelphia (Philadelphia: By the author, 4th edition, 1794), p. 23, http://www.usgwarchives.net/pa/philadelphia/history/yellowfever1793.pdf
17. Ibid.
18. Though severe, this epidemic does not compare to those experienced by the Native American populations due to the arrival of European settlers.
19. Herbert L. Fred, 'Banning the handshake from healthcare settings is not the solution to poor hand hygiene', Texas Heart Institute Journal 42, 6 (1 December 2015), pp. 510–11, doi:10.14503/THIJ-15-5254
20. 'Editorial', Corpuscle (Rush Medical College), 4, 2 (October 1894), p. 62 (the official organ of the Alumni Association of Rush Medical College, Chicago, Illinois, affiliated with the University of Chicago).
21. 'Annotations', The Lancet 144, 3706 (September 1894), pp. 583–90, https://doi.org/10.1016/S0140-6736(01)58938-2
22. 'Spanish Influenza', Bulletin of the Health Department (Milwaukee, Wisconsin), October/November 1918, pp. 10–11.
23. Dr H. W. Hill, 'Danger in handshake is seen by physician', The Circle Banner (Circle, Montana), 31 October 1919, p. 3.
24. 'Why is a handshake?', Ohio Health News, 15 December 1926, p. 3.
25. Owen Gibson, 'London 2012: Team GB athletes advised not to shake hands', Guardian, 12 February 2012, https://www.theguardian.com/sport/2012/mar/06/london-2012-team-gb-hands; and 'Olympic athletes

reminded to wash their hands', The Times, 6 March 2012, https://www.thetimes.co.uk/article/olympic-athletes-reminded-to-wash-their-hands2sqkcd3bh6f

26. 'The colour of cholera', Médecins Sans Frontières, 3 February 2009, https://www.msf.org/colour-cholera; and James Thompson, 'No handshakes at funerals as cholera spreads in Zimbabwe', TimesLIVE, 2 February 2009, https://www.timeslive.co.za/news/africa/2018-02-02-no-handshakes-at-funerals-ascholera-spreads-in-zimbabwe/

27. Sarah L. Edmonds-Wilson et al., 'Review of human hand microbiome research', Journal of Dermatological Science 80 (October 2015), pp. 3–12, https://www.sciencedirect.com/science/article/pii/S0923181115300268

28. Ibid.

29. Leonard A. Mermel, 'Ban the handshake in winter?', Infection Control & Hospital Epidemiology 40, 6 (June 2019), pp. 699–700.

30. G. Döring et al., 'Distribution and transmission of Pseudomonas aeruginosa and Burkholderia cepacia in a hospital ward', Pediatr Pulmonol 21, 2 (1996), pp. 90–100.

31. Mermel, 'Ban the handshake in winter?'.

32. J. Reilly et al., 'Are you serious? From fist bumping to hand hygiene: Considering culture, context and complexity in infection prevention intervention research', Journal of Infection Prevention 17 (2016), pp. 29–33, doi:10.1177/1757177415605659

33. N. Pinto-Herrera et al., 'Transfer of methicillinresistant Staphylococcus aureus by fist bump versus handshake', Infection Control & Hospital

Epidemiology 41, 8 (2020), p. 963, https://doi.org/10.1017/ice.2020.192

34. Donald G. McNeil, 'Greetings kill: Primer for a pandemic', New York Times, 12 February 2006,

https://www.nytimes.com/2006/02/12/weekinreview/greetings-kill-primer-for-a-pandemic.html

35. Anna Gorman, 'Handshake-free zone: Keep those hands – and germs – to yourself in the hospital', Kaiser Health News, 30 May 2017, https://khn.org/news/handshake-free-zone-keep-those-hands-andgerms-to-yourself-in-the-hospital/

36. Reilly et al., 'Are you serious?'

37. S. Kumar et al., 'Handwashing in 51 countries: Analysis of proxy measures of handwashing behavior in multiple indicator cluster surveys and demographic and health surveys, 2010–2013', American Journal of Tropical Medicine and Hygiene 97, 2 (2017), pp. 447–59, https://www.ajtmh.org/content/journals/10.4269/ajtmh.16-0445

38. I. C. H. Fung and S. Cairncross, 'How often do you wash your hands? A review of studies of handwashing practices in the community during and after

the SARS outbreak in 2003', International Journal of Environmental Health Research 17, 3 (2007), pp. 161–83, doi:10.1080/09603120701254276

39. Anastasia Stephens, 'Hidden germs in our snacks', Evening Standard, 4 November 2003, https://www.standard.co.uk/news/hidden-germs-in-our-snacks7294288.html

악수
손에서 손으로 이어진 이야기

The Handshake
A Gripping History

1판 1쇄 발행 2024년 3월 4일

지은이	엘라 알-샤마히
옮긴이	박명수(상명대학교)
펴낸이	김연희
펴낸곳	로이트리 프레스(RoiTree Press)
주소	경기도 화성시 메타폴리스로 42, 9층 902
홈페이지	http://www.roitree.co.kr
이메일	roitree01@gmail.com
출판등록	2021년 1월 13일 제2021-000004호

ISBN 979-11-973534-7-5 (03900)

※ 잘못 인쇄된 책은 구입한 서점에서 바꿔드립니다.
※ 이 책의 무단 발췌, 전재, 복제 행위는 저작권법에 따라 처벌받게 됩니다.
※ 책값은 뒤표지에 있습니다.